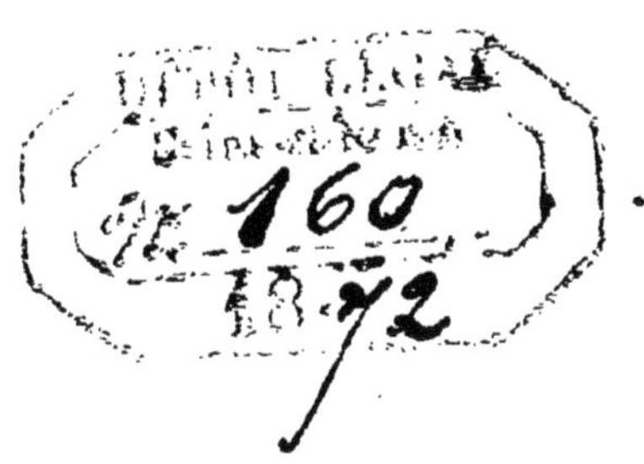

SOUVENIRS
D'UN PROVINOIS.

Quatre mois en Campagne.

SOUVENIRS
D'UN PROVINOIS,

Du 2e Régiment de Marche de Seine-et-Marne

(Armée de la Loire).

PAR

L. ROGERON,

Ex-Sergent à la 1re Compagnie du 2e Bataillon.

Extrait de *la Feuillle de Provins.*

PROVINS,

LEBEAU, IMPRIMEUR-LIBRAIRE.

1872.

Les pages qu'on va lire sont écrites d'après des notes tracées à la hâte, chaque jour, par le froid, dans la neige, et souvent le soir après une rude étape; c'est le récit d'un Soldat qui raconte simplement et sans aucune prétention au style, ce qu'il a vu, ce qu'il a fait, ce qu'il a éprouvé partout où les événements l'ont conduit. A ce point de vue, ces souvenirs peuvent présenter un certain intérêt, ils ont, en tous cas, le mérite de la sincérité et de l'exactitude.

Quatre mois en campagne.

SOUVENIRS
D'UN PROVINOIS
du 2e Régiment de marche de Seine-et-Marne
(Armée de la Loire).

I.

Malgré les difficultés de toutes sortes résultant de l'occupation complète du département par l'ennemi, malgré les avis placardés par les Prussiens annonçant que les communes seraient frappées de 50 francs d'amende pour chaque jour d'absence des jeunes gens qui iraient rejoindre les armées, les mobilisés de Seine-et-Marne furent des premiers à se rendre à l'appel du Gouvernement de la Défense nationale (novembre 1870).

En huit jours de temps, et seulement sur *un ordre verbal* du maire de leur localité, presque tous les hommes appelés avaient traversé les lignes prussiennes et étaient réunis derrière la Loire, à Nevers. Les premiers partis s'étaient rendus à Nemours où la préfecture du département avait été transférée lors de l'envahissement de Melun ; le lendemain de leur arrivée, la ville fut occupée par 43 uhlans. M. Huot, de Darvault, ancien officier de chasseurs à pied, qui était chargé de l'organisation des légions de Seine-et-Marne, fit cerner l'hôtel Saint-Pierre, où ils étaient logés ; après deux heures de résistance, l'officier commandant le détachement et un uhlan furent tués, le reste, à l'exception de deux qui parvinrent à s'échapper, fut fait prisonnier. Le soir de cette affaire, les mobilisés ainsi que le préfet se replièrent sur Souppes, village situé sur les confins du département, proche la limite du Loiret.

Les mobilisés de Seine-et-Marne furent mis à l'ordre du jour de l'armée et félicités par les Membres du Gouvernement pour ce fait (*Journal officiel* du 18 novembre 1870).

Le lendemain, les Prussiens revinrent en force à Nemours ; pour se venger, ils lancèrent des obus sur la ville, incendièrent la gare du chemin de fer et l'hôtel Saint-Pierre, où avait eu lieu l'affaire de la veille. Par un raffinement de barbarie, ils exigèrent que le conseil municipal assista en corps à cet incendie, pendant lequel la musique militaire exécutait de brillants morceaux.

Un mois plus tard, le 20 décembre, la première légion du département prenait part aux combats de Monnaie et de Notre-Dame-d'Oé, en avant de Tours, où 3,000 mobilisés Briards et Angevins, mal armés et mal équipés, ont soutenu pendant près d'une journée une lutte énergique contre 16,000 hommes d'infanterie prussienne, avec six batteries d'artillerie et deux régiments de cavalerie.

Dans son rapport sur cette journée, le chef de la deuxième brigade dit qu'au moment de la retraite un escadron ennemi harcelait de près une de nos colonnes, les mobilisés conservant leur sang-froid, attendirent le choc de pied ferme et firent une décharge presque à bout portant : pas un seul cavalier ne resta debout, ils furent complètement anéantis. A partir de ce moment la retraite ne fut plus inquiétée.

Pour ma part, je reçus la visite de M. le maire de Provins accompagné d'un conseiller municipal, le jeudi 17 novembre ; M. le maire m'invita à me rendre près du préfet ; le lieu de sa résidence n'était pas bien connu ; je devais aller à Souppes où, dans le cas où il n'y serait plus, on m'indiquerait l'endroit où je le trouverais ; il me remit un certificat de bonne conduite qui devait me servir de passe-port, et 5 francs à titre d'indemnité de route ; il me recommanda de me munir de deux chemises, d'un tricot, d'un pantalon de drap foncé et d'une bonne paire de souliers; je devais aussi voyager isolément, éviter les groupes, afin de ne pas éveiller les soupçons de l'ennemi.

Les deux jours qui suivirent furent employés à faire mes préparitifs de départ et à finir mes travaux.

Le samedi, vers une heure de l'après-midi, Provins fut occupé par 1,500 Wurtembergeois, avec artillerie et cavalerie, ceux-là mêmes qui devaient revenir si souvent pendant mon absence jeter l'inquiétude dans notre cité d'ordinaire si tranquille. Je passai ma soirée chez un ami qui avait deux nourrissons wurtembergeois à héberger; c'étaient deux jeunes gens de vingt ans, originaires des environs d'Ulm; ils n'étaient en France que depuis deux mois et ne semblaient nullement enchantés de leur position. Leur connaissance de la langue française n'était pas très-étendue, car en dehors des mots : Paris, Strasbourg et Nancy, ils ne connaissaient plus rien; cependant, à l'aide de figures et de dessins, on parvint à se comprendre assez bien. Ils avaient un faible très-prononcé pour les noix, et dans l'espoir que cela pourrait leur être nuisible, on leur en donna à discrétion.

A onze heures du soir, en sortant pour regagner mon domicile, je me heurtai dans une patrouille ennemie qui faisait un vacarme épouvantable à la porte d'une maison de la grande rue du Val; je me glissais dans l'ombre, rasant les bâtiments, afin de n'être pas aperçu ; mais le bruit de mes pas avait attiré l'attention des Wurtembergeois, un *wer da?* suivi du bruit sec du levier d'un fusil que l'on arme retentit, je me blottis dans l'ombre d'une porte sans répondre ; au bout de quelques minutes, une partie des hommes de la patrouille pénétra dans la maison, je profitai de ce moment pour enfiler la rue dans laquelle je demeure, et je pus rentrer sans être inquiété.

Mon départ était fixé au dimanche matin, mais comme je devais suivre la même route que la colonne prussienne et que le bruit s'était répandu que les francs-tireurs devaient l'attaquer sous les arches de Besnard, j'attendis au lendemain.

Le lundi matin, après un dernier adieu aux amis et connaissances, j'embrassai ma vieille bonne mère, qui, malgré tout le patriotisme possible, ne put s'empêcher de me faire voir le chagrin que mon départ lui causait, je pris mon bâton de voyage, le petit paquet qui renfermait mes effets, et, le cœur gros, je me mis en route.

Je quittais Provins en compagnie d'un vieux camarade, mobilisé comme moi : Jules Deloutre ; nous prîmes par la porte du Canal en suivant la voie du chemin de fer. Il faisait une belle matinée d'automne, le soleil se levait radieux à l'horizon et éclairait de ses rayons dorés le dôme de Saint-

Quiriace et la vieille tour de César. Nous hâtâmes le pas afin de nous arracher aux souvenirs qui nous obsédaient, nous marchions sans rien dire; mes idées, je l'avoue, avaient une tendance à la tristesse, puis par moment le passé s'effaçait et je me jettais à corps perdu dans les bras de l'avenir; je pensais aux dangers et aux hasards des combats; mais l'idée que j'allais prendre ma part à la défense de notre chère patrie, que j'allais aider à venger toutes les humiliations que depuis deux mois je voyais subir à ma ville natale, me faisait oublier tout.

A Septveilles, nous quittons la voie du chemin de fer pour prendre la route de Bray; nous rencontrons quatre camarades qui se rendaient aussi près du préfet; nous faisons route ensemble.

Au moment où nous traversons le village des Ormes, un garde national coiffé d'un bonnet de police antédiluvien, de faction à la porte de la Maison commune, arrête une voiture ornée de drapeaux tricolores, remplie de mobilisés qui paraissent avoir bien déjeûné et criant à tue-tête :

Si ça va longtemps comme ça,
Des Prussiens, il n'en rest'ra guère.

. . . .

Pour entrer à Bray, nous passons la Seine en bateau, une des arches du pont étant sautée. Comme il n'est que deux heures et que nous ne sommes pas fatigués, nous décidons de ne nous arrêter à Bray que le temps nécessaire pour manger un peu. A la mairie, où nous nous présentons pour demander la route à suivre, on nous donna un itinéraire qui passait par le département de l'Yonne, où, nous dit-on, nous courrions la chance de ne pas rencontrer de Prussiens. Une heure plus tard, nous prenons la route conduisant à Courlon. Arrivés à trois kilomètres environ de Bray, le ciel, qui jusque-là avait été fort beau, se couvrit tout-à-coup, une pluie fine et serrée se mit à tomber. Des gens qui travaillaient dans les champs nous indiquèrent un chemin de traverse qui devait raccourcir notre route.

A l'entrée de ce chemin, nous croisons sur la route un mobilisé enrubanné et couvert de lauriers ; il chante un refrain patriotique : s'il est mouillé extérieurement, il l'est encore davantage à l'intérieur, et le peu d'usage que ses jambes ont conservé, il l'emploie à battre des entrechats fort risqués.

Nous marchions depuis longtemps, la pluie n'avait pas cessé de tomber, Courlon était toujours invisible et la nuit descendait rapidement ; le chemin que nous suivions semblait s'allonger, nous avions comme des visions, par moment nous croyions apercevoir la pointe d'un clocher, puis, lorsque nous approchions, c'était un arbre ; enfin, la silhouette d'un moulin à vent se dessina sur la côte, nous quittâmes le chemin pour nous diriger à travers champs vers ce phare d'un nouveau genre.

Une grande partie du territoire, dans ces parages, est plantée en vigne; nous n'avancions qu'avec difficulté, à chaque instant nos pieds s'embarrassaient dans les fils de fer tendus pour soutenir les ceps, et lorsque l'un de nous venait à tomber, le piteux état dans lequel cela le mettait excitait les quolibets des autres.

Enfin nous arrivons au moulin, nous grimpons l'échelle et nous entrons dans ce logis mouvant. Après nous avoir fait visiter son domaine, le meunier alluma une lanterne et nous guida jusqu'à la mairie de Courlon. Là, M. le maire nous fit entrer dans son bureau et nous donna un billet de logement pour tous les quatre ensemble; il nous recommande de partir de bonne heure le lendemain matin, afin d'éviter de nous rencontrer avec les Prussiens, qui venaient chaque jour, de Vinneuf, faire des réquisitions à Courlon et aux environs.

La maison qui devait nous recevoir se trouve située sur les bords de l'Yonne, tout à fait à l'extrémité du pays; c'est une sorte d'auberge, rendez-vous des mariniers et des conducteurs des trains de bois. Les propriétaires, fort bonnes gens, se mirent en quatre pour allumer du feu, afin de sécher nos vêtements et nous faire à souper.

Dans cette auberge, nous retrouvons l'individu que nous avions rencontré dans la journée près du chemin de traverse; il n'avait plus ses lauriers, mais sa casquette était toujours ornée de rubans; il était dégrisé. Il nous raconta qu'il était de Bazoches-les-Bray; dans la matinée, tous les mobilisés du pays s'étaient réunis pour le départ, le tambour de la commune les accompagnait en battant de la caisse, lorsque des cavaliers prussiens, qui étaient en réquisition dans les environs, arrivèrent au galop dans le village. Ce fut un sauve-qui-peut général : plusieurs mobilisés furent pris, quant à lui, il était parvenu à s'esquiver; après une course de deux heures, il s'était retrouvé à l'endroit où nous l'avions rencontré.

Nous avions marché toute la journée et nous avions faim. Après avoir fait honneur au repas qui nous avait été préparé, nous gagnons une grande chambre dans laquelle se trouvent cinq lits; nous nous divisons deux par deux et nous nous couchons : le sommeil ne tarde pas à venir nous visiter.

Vers le milieu de la nuit, les cris d'un de nos camarades nous éveillent en sursaut; je rêvais justement des Prussiens : ma première pensée fut que c'était eux qui arrivaient.

J'allume la chandelle et j'aperçois dans un coin de la chambre notre homme de Bazoches,

Dans le simple appareil
D'une beauté qu'on vient d'arracher au sommeil,

qui s'escrime de son mieux à coups de pieds et de poings avec un grand coq d'Inde.

Ce volatile, pour échapper à la pluie qui continuait toujours, avait trouvé moyen de pénétrer dans notre chambre; il s'était juché sur le bord de la couchette et en dormant il était tombé sur le lit de notre camarade et l'avait réveillé. Après avoir expulsé ce nocturne visiteur, chacun regagna son lit pour tâcher de dormir jusqu'au jour.

II.

Le lendemain, suivant la recommandation du maire de Courlon, à six heures du matin, nous nous mettons en route; la pluie tombe toujours; nous traversons l'Yonne sur un pont magnifique, le péager, qui paraît être un ancien militaire, sachant par expérience combien d'ordinaire la bourse du soldat est peu garnie, ne nous réclame rien. Nous longeons la prairie, nous dirigeant sur un fort village que l'on aperçoit dans la côte. Nous traversons à un passage à niveau la ligne du chemin de fer de Lyon ; nous sommes en plein pays de moulins à vent, de tous côtés nous voyons ces géants agiter leurs ailes. Après avoir monté un chemin assez rapide, nous atteignons Champigny; nous n'avons pas besoin de demander si les Prussiens sont passés là ; les habitants ne sont pas encore levés, et sur chaque porte ou volet, des marques à la craie indiquent le nombre d'hommes et de chevaux que la maison a dû loger.

Seule dans le village, la boutique du boulanger est ouverte, nous achetons du pain. Le patron nous dit que deux régiments de hussards ennemis étaient passés la veille et nous engage à prendre des précautions, car des cavaliers rôdaient encore dans les environs.

En sortant du pays, tout le terrain est planté en vignes : on entre en Bourgogne. De l'endroit où nous sommes on découvre la vallée de l'Yonne, et de l'autre côté de la rivière nous distinguons parfaitement les cavaliers ennemis dont on nous avait parlé hier, qui se dirigent sur Courlon.

Le chemin que nous suivons décrit des courbes, deux camarades prennent les devants, afin de servir d'éclaireurs et nous avertir en cas d'alerte.

Avant d'arriver à Villethierry, le terrain présente des ondulations très-accentuées et qui se continuent à perte de vue. De distance en distance se trouvent des petites constructions en briques ; un paysan, auquel nous demandons des explications à ce sujet, nous apprend que ce sont les travaux faits pour la dérivation de la Vanne, afin de conduire l'eau de cette rivière à Paris.

De Villethierry à Diant, la route présente un aspect très-pittoresque : des rochers de grès énormes dressent leurs têtes sur le bord des ravins ; de temps en temps nous cherchons dans les anfractuosités un refuge contre la pluie qui tombe toujours. Arrivés à Diant, nous entrons chez un vieux garde qui vend du vin. Comme à Coutlon, on allume un grand feu pour faire sécher nos vêtements. Là, nous apprenons que plusieurs de nos camarades de Provins, que nous reconnaissons au signalement que nous en donne le bonhomme, sont passés hier se dirigeant sur Cherroy. Les Prussiens n'ont pas encore paru à Diant, et les habitants comptent beaucoup sur les bois dont le pays est entouré pour les préserver de la visite de ces hôtes peu enviés.

Après une heure de halte, nous repartons pour aller à Voulx-Lorrez. Depuis deux kilomètres à peu près nous avons quitté le département de l'Yonne pour rentrer dans Seine-et-Marne. Voulx est un fort bourg de l'arrondissement de Fontainebleau ; à la mairie où nous nous présentons, le secrétaire nous donna des billets de logement. Il était encore tout ahuri des mauvais traitements que les uhlans lui avaient fait subir quelques jours auparavant, sous le prétexte qu'il n'agissait pas assez vite à leur gré, pour leur donner ce qu'ils demandaient. Il nous apprit que le préfet de Seine-et-Marne n'était plus à Souppes, et nous dit que pour le trouver nous devions maintenant aller à Gien, dans le département du Loiret.

La population de Voulx était en émoi : les Prussiens devaient y venir faire des réquisitions ; des citoyens voulaient élever des barricades et les recevoir à coups de fusil, d'autres qui redoutaient les représailles s'y opposaient.

Le lendemain matin, M. Brûlé, chez qui j'étais logé et où j'ai reçu la plus franche hospitalité, me renseigna sur le chemin que nous devions suivre. Avant d'arriver à Egreville, la route de Cheroy à Nemours traverse celle que nous allons prendre ; au carrefour formé par ce croisement se trouve une maison isolée appelée *la Béarnaise*, de chaque côté de cette route existent des bois dépendant du domaine de M. de Ségur. Chaque jour, les Prussiens qui vont de Cheroy à Nemours font halte en cet endroit : l'heure à laquelle nous devons y arriver corespond justement avec la leur.

En quittant Voulx, nous rencontrons un jeune homme qui va à Châtillon-sur-Loing et qui nous propose des places dans sa voiture pour trois d'entre nous. Ne voulant pas quitter nos camarades, nous allions refuser, quand un voiturier, qui va aussi dans les mêmes parages, se charge de les conduire : à cette condition nous acceptons.

Les chevaux trottaient bien, les villages se succédaient rapidement, déjà nous apercevions la maison de *la Béarnaise*, quand des piétons marchant devant nous nous firent signe de nous jeter dans les bois. En moins de temps qu'il n'en faut pour l'écrire, nous sautons à bas des voitures, et entrant dans les taillis, nous nous couchons à plat-ventre dans les hautes herbes ; de leur côté, les conducteurs font passer le fossé à leurs chevaux et se réfugient dans un chemin d'exploitation.

Il était temps. A ce moment, un cavalier bavarois, le doigt sur la détente de son mousqueton, vient se placer à l'angle du bois, il jette des regards effarés autour de lui et semble redouter la présence de francs-tireurs ; la peur me cloue à terre, heureusement, car il n'est guère qu'à vingt pas de moi et le moindre bruit pourrait me trahir.

Ceux qui, en pareille circonstance, prétendent n'avoir éprouvé aucune émotion me laissent des doutes sur leur sincérité, je crois qu'ils ont plus d'orgueil que de franchise.

La colonne, composée de fourgons de munitions et de réquisitions, escortée de cavaliers et de fantassins, défila pendant une demi-heure. Lorsqu'elle fut éloignée, le cavalier désarma son mousqueton et piqua des deux pour la rejoindre. Je poussai un soupir de satisfaction et m'enfonçai dans le bois pour rechercher mes camarades : je les trouvai tous blottis à droite et à gauche.

Nous sortons du bois avec précaution, évitant de nous montrer trop vite. Lorsque les derniers cavaliers furent assez loin, les voitures sortirent à leur tour; nous reprenons nos places et nous filons vivement jusqu'à Egreville.

Avant d'arriver au pays, nous croisons un facteur rural qui, pour circuler plus librement, est vêtu en charretier : il porte un fouet sur le cou ; ses lettres sont cachées dans ses bottes. Il nous dit que l'on attend les Prussiens et nous engage à ne pas nous arrêter. Notre cheval marchait mieux que celui qui conduisait nos camarades, aussi nous arrivâmes à Egreville avant eux. Nous étions descendus à la porte d'un débitant pour les attendre, déjà nous les apercevions, lorsque d'un autre côté apparaissent des uhlans. Nous remontons en voiture avant qu'ils ne soient arrivés, et nous partons au galop, nous dirigeant sur Ferrières. A moitié chemin, des personnes nous apprennent que des Bavarois viennent d'y arriver. Nous sommes obligés de changer notre itinéraire ; nous quittons la route pour prendre un chemin qui passe à travers bois ; nous gagnons le hameau de Pers. Dans un chemin creux, nous avons mille peines à nous frayer un passage dans des troupeaux de moutons et de vaches que les habitants affolés s'empressent de conduire dans les bois pour les cacher : des éclaireurs ennemis viennent d'être aperçus tout près de là.

On ne peut pas se faire une idée de la frayeur de ces gens-là ; de tous côtés les femmes se sauvent avec du linge, les hommes emmènent les chevaux, les enfants crient : nous cherchons à les rassurer, leur disant que depuis deux mois nous voyions les Prussiens dans notre pays, et qu'à moins de voies de fait envers eux, ils ne font pas de ravages. Mais c'était peine perdue, la peur les dominait trop ; vingt voix à la fois nous racontent que la veille, à Ferrières, ils ont incendié un moulin, tué le meunier et fusillé trois pompiers, pères de famille, pour un coup de feu tiré sur eux et qui leur avait blessé un homme.

Le chemin que nous suivions n'était pas très-praticable, de temps en temps nous étions obligés de descendre de voiture et de pousser derrière, afin d'aider le cheval à monter les côtes. Enfin, nous arrivâmes à la Celle-sous-le-Bief, dans le département du Loiret.

Là, nous décidons d'attendre nos camarades dont nous sommes séparés depuis Egreville; ils ne peuvent manquer de se diriger par ici, les mêmes causes qui nous ont obligé de dévier de notre premier tracé existent aussi pour eux.

Nous descendons à l'auberge du *Soleil d'Or*. Après déjeuner, nous rencontrons dans les rues du pays un grand nombre de mobilisés : ils venaient de chez M. le maire qui leur avait refusé des billets de logement, sous le prétexte que tous les jours il passait beaucoup de soldats qui allaient rejoindre l'armée de la Loire, et que c'était une charge pour les habitants.

Nous étions allés sur la route par laquelle nos camarades devaient arriver, quand la pluie, qui avait cessé la veille, recommença de nouveau à tomber. Un brave homme nous offrit un abri dans sa maison ; il venait de tirer un pot de cidre et mettait des verres sur la table, en nous racontant qu'il avait un fils soldat, duquel il ne recevait pas de nouvelles, quand sa femme rentra en criant :

— Oh ! mon Dieu ! les voilà ! les voilà !...

Au même instant, deux cavaliers prussiens, enveloppés dans leurs manteaux, le mousqueton au poing, passaient au grand galop, couchés sur leurs chevaux : c'étaient les premiers qui paraissaient dans le pays ; tout le monde rentra bien vite. Arrivés aux dernières maisons, ils s'arrêtèrent et, appelant un jeune enfant, ils lui dirent d'aller prévenir le maire de se rendre près d'eux ; ce magistrat s'y rendit, accompagné du garde-champêtre. Quelques instants après, le tambour publiait un avis annonçant aux habitants d'avoir à apporter de suite, sur la place, des vivres et du fourrage pour 4,000 hommes et 4,000 chevaux. En présence de cet état de choses, le maire supplia tous les mobilisés de passage de partir immédiatement, pour ne pas ajouter de nouveaux embarras à la situation.

A la mairie, on nous donna un nouvel itinéraire passant par Château-Renard et la Bussière. L'instituteur, remplissant les fonctions de secrétaire, avait près de lui, sur un râtelier, plusieurs fusils de munition. Quelques-uns d'entre nous l'engagèrent à les cacher, afin que l'ennemi ne les vit pas. Ces sages observations furent mal accueillies par ce monsieur, à l'esprit aussi pointu que son nez, qui nous demanda de quoi nous nous mêlions.

Comme nous avions dit au jeune homme qui nous avait amenés dans sa voiture que nous attendions nos camarades, il avait continué sa route sur Châtillon-sur-Loing, de sorte qu'il nous fallut aller à pied; mais nous n'étions pas fatigués, n'ayant pas encore marché de la journée. Nous gagnons d'un pas rapide les villages de Saint-Loup-le-Gonois et la Chapelle-Saint-Sépulcre, puis nous entrons dans la forêt de Montargis. Des bûcherons nous disent de traverser bien vite la route de Courtenay à Montargis, car depuis le matin des convois considérables d'artillerie n'ont pas cessé de la parcourir. Enfin, nous arrivons sans encombre à la Celle-en-Hermoy : tous les habitants sont en l'air. Comme ceux de la Celle-sous-le-Bief ne sont pas en mesure de fournir toutes les réquisitions demandées, un courrier vient d'arriver pour les prévenir d'avoir à fournir le complément. Là encore, on refuse de nous loger, tant on redoute l'arrivée des Prussiens.

Le temps était redevenu beau, nous reprenons notre route pour tâcher de trouver un village où les habitants soient un peu plus patriotes. La route que nous suivons est complètement déserte, on ne rencontre pas une ferme, seules quelques maisonnettes de gardes apparaissent à travers les grands arbres de la forêt. A la nuit tombante, le son lointain d'une cloche arrive jusqu'à nous : nous quittons la route pour nous diriger de ce côté. Après bien des fatigues, nous découvrons un village perdu dans les bois, là du moins nous pensons être en sûreté.

Proche des premières maisons, un formidable : Qui vive? nous arrêta ; un garde national s'approcha pour nous demander nos papiers. Après les avoir examinés, il nous apprit que nous étions à Saint-Firmin-des-Bois. Comme d'un moment à l'autre l'ennemi pouvait y arriver, on nous envoya coucher dans une ferme isolée, située encore à deux kilomètres plus loin, à Champourcin. Nous n'étions plus seuls, une dizaine de mobilisés comme nous avaient des billets de logement pour ce même endroit.

En partant, l'officier commandant le poste nous recommande de ne pas nous déshabiller pour nous coucher et nous promet qu'à la moindre alerte il enverra nous prévenir. Comme il n'est pas sûr que nous trouverons à manger pour tout le monde, il nous engage à nous munir de provisions. Une bonne femme, à qui notre mine ne revenait probablement pas, s'empressa de faire rentrer sa basse-cour à notre approche; nous entrons en pour-parler avec elle, et au bout de cinq minutes, nous étions possesseurs d'un dinde magnifique, d'un vieux coq blanc et d'un lapin; séance tenante, chacun d'eux reçut un nom : le dinde s'appela Guillaume, le coq Bismarck et le lapin Trochu. Avec eux du moins nous n'avions plus la perspective de nous coucher sans souper.

Nous attâchâmes Guillaume par une patte avec une corde, et en avant, marche! nous voilà partis pour Champourcin. Au bout d'un kilomètre, Guillaume était fatigué et faisait le récalcitrant pour avancer; un de nous, qui avait encore un peu de cognac dans sa gourde, lui en fit avaler une gorgée, cela lui donna du nerf : nous ne pouvions plus le suivre, il courait comme un dératé, mais ce fut court, bientôt il fallut le porter comme un petit enfant, le cognac l'avait enivré, ses pattes ne le soutenaient plus.

Il est huit heures quand nous arrivons à Champourcin, qui possède cinq maisons. La nuit est noire, les chiens de cour aboyent de tous côtés; au détour d'un chemin, une vieille femme, une lanterne à la main, paraît sur une porte, nous lui demandons de nous indiquer notre logement; justement c'est le nom de son maître que porte notre billet : elle nous fait entrer. Elle était seule à la ferme avec un jeune garçon d'une quinzaine d'années, sorte d'idiot qui ne cessait pas de nous regarder en riant. Elle était inquiète, son patron était allé à Château-Renard, où, disait-on, une affaire avait eu lieu dans la journée entre des francs-tireurs et des Prussiens; il était tard et il ne rentrait pas; elle commanda à l'idiot d'aller nous chercher du bois, afin que nous puissions faire notre souper.

Aucun de nous ne possédait de connaissances culinaires, aussi notre fricot s'en ressentit. Pour tous ustensiles de cuisine on nous donna une poële et une fourchette, un morceau de graisse remplaça le beurre; il y avait des oignons dans un panier, nous en épluchâmes deux ou trois pour faire la soupe, puis, malgré ses violentes récriminations, qui se traduisirent par des cris et des coups d'ailes, Bismarck fut mis à mort et plumé, on le coupa en morceaux et on le fit cuire dans la poële.

La faim nous talonnait, nous n'eûmes pas la patience d'attendre la cuisson complète; nous invitâmes la servante et l'idiot et l'on se mit à table. Il aurait fallu un bon maître d'armes pour crever un œil à notre bouillon, quant à Bismarck, l'idiot s'en léchait les doigts, déclarant qu'il était excellent. Pour moi, je n'en ai pas mangé gros comme le pouce, tant il était dur; mais je me suis rattrappé sur des pommes et du fromage qui composaient notre dessert.

Après notre souper, nous allons nous coucher dans l'écurie tous les trois ensemble; nous nous jetons tout habillés sur le lit. Malgré les émotions de la journée, nous ne tardons pas à dormir. Vers onze heures, Bouron, qui était étendu à côté de moi, m'éveilla : il disait entendre le bruit sourd du canon. Nous prêtons l'oreille et nous ne tardons pas à découvrir que c'étaient les chevaux qui frappaient du pied sur la litière. Nous allions nous rendormir, quand la porte de l'écurie s'ouvrit : un homme coiffé d'un casque à mèche, une lanterne d'une main et une bouteille de l'autre, entra : c'était le propriétaire, il était de retour et voulait absolument nous faire lever pour trinquer avec lui. Il nous apprit que Château-Renard était occupé par des francs-tireurs, et que les Prussiens étaient logés dans les environs. Il promit de venir nous éveiller de bonne heure le lendemain matin et de nous faire bien déjeuner avant de partir. Nous le remerciâmes d'avance, en le priant de vouloir bien nous laisser reposer, car réellement nous en avions besoin. Il ne sortit qu'après nous avoir fait accepter à chacun un verre d'eau-de-vie de marc.

III.

Fidèle à sa promesse, il ne faisait pas encore jour quand le bonhomme vint nous appeler. Notre toilette ne demande que le temps de nous secouer pour faire tomber les parcelles de foin et de paille qui s'étaient attachées à nos vêtements. Nous passons à la maison où il nous fit prendre une goutte militaire qui acheva de nous éveiller. La soupe était sur la table, et plus chanceux que nous, qui ne devions jamais le voir, ce qui restait de Bismarck voyait le feu pour la deuxième fois. Tout en mangeant, le patron nous racontait qu'en rentrant, hier au soir, il n'était pas très-rassuré, car sa bonne n'avait pas pu lui dire si nous étions Français ou Prussiens, de là sa visite avec une bouteille d'eau-de-vie.

Malgré l'heure matinale, tous les gens du hameau étaient déjà levés, tant leur inquiétude était grande ; ils entraient à tout moment pour nous dire qu'ils venaient d'apercevoir des cavaliers battant la plaine.

Afin de nous faire éviter leur rencontre, notre hôte voulut nous servir de guide ; il nous fit passer par un enclos attenant à sa maison. Nous traversons des terres labourées, puis prenant un sentier, nous atteignons une grande usine, un moulin à tan. Sur la porte, une marque à la craie, toute fraîche, indiquait que l'ennemi avait logé là. Le régisseur de cette propriété était une connaissance de notre guide. Nous entrons. Dans la cuisine qui était déserte, des assiettes, des verres et des bouteilles vides étaient sur la table. Déjà nous commençions à nous livrer à des commentaires sur ce qui avait pu se passer, quand le régisseur arriva ; il venait de conduire jusqu'à la route, qui se trouve près de là, un général et son état-major qui avaient passé la nuit dans la maison. Cinq minutes plus tôt, nous tombions en plein dans la gueule du loup.

Ce Monsieur voulut à toute fin nous faire accepter un verre de kirsch, pour se dédommager, disait-il, d'avoir été forcé de trinquer avec des Prussiens.

Il nous indique un chemin passant par la prairie et qui devait nous mener hors d'atteinte de l'ennemi. Après mille remerciements, nous prenons congé de ces braves gens, car il est déjà tard.

La prairie que nous traversions est entourée par une rivière, de plus, l'eau la couvrait presque entièrement ; deux cavaliers prussiens qui s'y étaient engagés ne parvenaient pas à trouver un endroit pour en sortir : une planche jetée en travers de la rivière était le seul passage, nous la franchissons et, la tirant à nous, nous les laissons se répandre en *Sacremen farflouck* et autres jurons que nous ne comprenons pas.

Tout près de là se trouvent quelques maisons dépendant du village de Gy-les-Nonains ; les habitants, cachés derrière des tas de planches, suivaient cette scène sans oser se montrer ; pas un ne voulut aller chercher son fusil, tant ils avaient peur des représailles.

Pour arriver à Gy, nous côtoyons le canal de Briare jusqu'au pont qui se trouve en face du pays. Çà et là, on voyait, sortant de l'eau, l'extrémité de bateaux qui avaient été coulés pour empêcher l'ennemi de s'en servir. Nous suivions sur la terre humide des empreintes de talons de bottes que nous reconnaissions pour appartenir à nos camarades Jules Deloutre et Henri Chapotot, que nous avions quittés à Egreville.

En entrant dans le village, notre joie fut grande en les apercevant se reposant sous le porche de l'église. Ils vinrent au-devant de nous, et les mains se serrèrent avec effusion. Ils étaient là depuis une heure sans pouvoir trouver à manger, les Prussiens avaient dévalisé le matin même toutes les boutiques de comestibles ; nous partageons avec eux quelques provisions que le bonhomme avait glissé dans nos sacs, à Champourcin.

Gy était rempli de mobilisés, et à chaque instant il en arrivait de nouveaux ; le maire avait hâte de nous voir partir : nous étions dans la dernière ligne ennemie, et des grand'-gardes étaient établies à quelques kilomètres seulement. On nous donna des guides, qui, après s'être renseignés, abandonnèrent le tracé passant par Châteaurenard, qui venait d'être occupé par l'ennemi.

Nous filons par des sentiers jusqu'à Montcresson, les habitants sont réunis en groupes sur leurs portes, ils assistent à une bataille par les oreilles : le canon tonne près de là, et derrière la ligne des bois qui forment l'horizon, on voit s'élever des nuages de fumée. Nous passons devant le château du maréchal de Mac-Mahon et nous atteignons un grand plateau non cultivé du haut duquel la vue s'étend très-loin. Nos guides marchent devant nous à une assez grande distance ; on ne saurait trop prendre de précautions, car à l'approche de nos lignes, les Prussiens exercent une surveillance active.

A un moment, la canonnade redouble d'intensité, nous nous arrêtons pour écouter. Dans la plaine, à quelques pas de nous, un cheval tout harnaché, les étriers vides, passe rapidement ; plus loin, des cavaliers, dont nous ne pouvons distinguer la nationalité, sont en vedettes.

Enfin, nous arrivons en vue d'une petite ville assez importante ; nos guides nous apprennent que c'est Nogent-sur-Vernisson. Nous pénétrons dans les bois tandis qu'ils se rendent dans la ville pour savoir s'il y a danger pour nous à y entrer. Au bout d'une demi-heure ils étaient de retour. L'ennemi n'avait pas encore paru, quelques uhlans seulement étaient venus dans la matinée jusqu'à la gare, puis ils étaient repartis au galop sans rien dire à personne.

Nous suivons une rue très-longue avant d'arriver sur la place où se trouve la mairie, des bonnes femmes qui nous regardent passer s'apitoyent en voyant la figure enfantine de plusieurs d'entre nous.

— Jésus ! mon Dieu ! Ces pauvres petits, ils sont bien jeunes pour faire la guerre !... Ah ! gueux de Prussiens, va !...

Telles sont les exclamations que nous entendons sur notre passage.

Arrivés à la mairie, il y a éclipse totale du maire, nul ne sait où il est ; on nous envoie chez l'adjoint, un disciple de Saint-Crépin, qui nous reçoit comme un chien dans un jeu de quilles. Il refuse de nous donner des billets de logement et nous éconduit fort impoliment. Quant à du pain, ce fut une autre affaire, il y en avait, mais dans différentes boutiques on le gardait pour les Prussiens que l'on attendait dans la soirée.

Des gens du pays nous disent que les avant-postes de l'armée française ne sont qu'à trois kilomètres de là. Quoique ayant déjà fait neuf lieues et étant très-fatigués, nous prenons le parti de nous y rendre. Nous regardons au cadran de l'horloge de l'église pour voir quelle heure il était, mais les aiguilles étaient enlevées. J'avais bien vu dans différents endroits l'administration faire enlever les plaques indicatives des routes, mais les aiguilles d'un cadran... jamais! Le Gouvernement de la Défense nationale est un ingrat, s'il n'a pas voté des félicitations à la municipalité de Nogent-sur-Vernisson, pour cette niche, peut-ête unique en son genre, faite à nos ennemis.

Nous quittons ce pays peu hospitalier en lui souhaitant toutes sortes de malédictions. Une heure plus tard, nous arrivions près d'une grande ferme au pignon de laquelle flottait le drapeau tricolore; la compagnie des francs-tireurs de la Mort venait de s'y installer, les hommes la mettaient en état de défense en perçant des meurtrières dans les murs.

Quelques pas plus loin, au hameau des Pesards, nous entrons dans une auberge pour demander à souper. Plusieurs mobilisés ont déjà fait la même demande : nous leur proposons de manger tous ensemble, ce qui est accepté. En attendant l'heure de se mettre à table, nous sortons pour aller voir des travaux de défense que l'on apercevait à une portée de fusil. Nous cheminions silencieux, écoutant le bruit du canon qui tonnait toujours, lorsqu'un mobile, armant son chassepot, sortit d'un fourré qui borde la route et nous arrêta par un :

— Halte-là !... on ne passe pas !

Plusieurs soldats sortirent du bois, un caporal vint nous demander nos papiers. Nous entrons en conversation avec eux. C'étaient des mobiles de l'Allier ; depuis deux jours leur bataillon était de grand'-garde. Ils étaient à peine vêtus et couchaient dans les bois. Depuis qu'ils étaient là, on ne leur avait distribué que de la viande et du café : le pain leur manquait complètement. Ils s'attendaient à être attaqués d'un moment à l'autre ; la canonnade de la journée les inquiétait beaucoup. Après avoir causé assez longtemps, ils nous quittèrent, car le moment était venu de doubler les sentinelles. Nous pûmes voir de tous côtés dans la plaine se lever des soldats dont nous ignorions la présence, quoique étant là depuis près d'une heure.

A peine étions-nous rentrés à l'auberge, qu'une compagnie de mobiles s'arrêta devant la porte ; un vieux commandant, décoré de la Légion d'honneur, entra, puis s'adressant à l'hôtelier :

— Si vous ne voulez pas être égorgé dans votre lit cette nuit, vous allez nous apporter de suite toutes les pelles et les pioches qui se trouvent dans le pays ; aidés de tous ces gens que voilà, nous allons couper la route.

La perspective n'était pas rassurante, l'aubergiste s'exécuta de bonne grâce. Au bout de vingt minutes, on avait trouvé trois pelles et deux pioches; le commandant jurait et tempêtait. A ce moment, un coup de feu partit sur la lisière du bois, puis deux, puis trois, et l'on aperçut les factionnaires qui se repliaient. Une émotion visible s'empara de nous tous. Le vieux commandant fit ranger ses hommes sur un des côtés de la route pour laisser passer des hussards et des dragons qui partaient de toute la vitesse de leurs chevaux du côté de Nogent-sur-Vernisson. Nous attendions anxieux, ignorant ce qui allait se passer, quand un officier de mobiles, que l'on reconnaissait aux aiguillettes d'or qu'il portait pour être attaché à un général, arriva ; il expliqua au commandant les coups de feu qui avaient mis tout le monde en émoi. Les mobiles n'étaient armés de chassepots que depuis quelques jours, beaucoup ignoraient encore la manière de s'en servir; un des factionnaires n'avait pas bien mis le sien au repos, le coup était parti; les autres, pris de peur et croyant voir quelque chose, avaient fait feu à leur tour.

Nous rentrâmes, un peu rassuré par ce récit. Pendant que nous étions à table, plusieurs officiers parurent dans la salle; ils déplièrent des cartes, puis l'un deux s'adressant à nous :

— Y en a-t-il parmi vous qui soient passés aujourd'hui à la Bussière?

— Nous, répondirent trois camarades.

— Y avait-il des Prussiens?

— Non.

— Y en a-t-il qui soient passés par Château-Renard?

— Oui, répondit un autre, les Prussiens y étaient.

— Quelle heure était-il? — Deux heures.

— Etaient-ils nombreux? avaient-ils de l'artillerie?

Et une foule d'autres questions de ce genre.

Cette manière de se renseigner sur les pays occupés par l'ennemi est très-bonne; seulement, avant de s'en rapporter aux dires des gens, il est bon d'en vérifier l'exactitude.

Avant de nous quitter, ces officiers nous recommandent de ne dormir que d'un œil et de ne pas quitter nos vêtements. A cet instant, la porte s'ouvrit, un jeune officier entra en criant :

— Messieurs ! Victoire ! ! ! Nous avons été vainqueurs aujourd'hui près Montargis !

Un éclair de satisfaction illumina soudain tous les visages.

A cette époque, les choses allaient assez bien ; depuis dix jours nous avions réoccupé Orléans, l'armée avait confiance en d'Aurelles de Paladines, et tous les soldats que nous avions vus dans la soirée étaient animés d'un vif désir de marcher en avant.

Malgré cette bonne nouvelle, nous n'étions pas tranquilles, l'idée qu'il nous faudrait peut-être nous sauver dans la nuit travaillait pas mal de cerveaux. Des bottes de paille furent étendues dans les écuries et chacun s'arrangea de son mieux pour se coucher.

La nuit fut longue, j'avais froid, mon lit de paille était dur ; pour m'engager à la résignation, je pensais aux mobiles qui couchaient dans le bois. Cependant, de temps en temps, la lassitude m'engourdissait et je m'endormais, mais alors je rêvais que j'étais campé, avec les autres mobilisés de Provins, au Mont-Jubert, et à l'aide d'un procédé nouveau inventé par un Anglais en villégiature à

Montécouvé, tous les Prussiens qui arrivaient par la route de Villiers-Saint-Georges étaient faits prisonniers. La méthode consistait à leur lancer des projectiles qui, en éclatant, répandaient sur le sol une composition ayant la vertu de les faire éternuer sans discontinuer : on profitait de cet état pour tomber dessus et les prendre. Mais une fois, les projectiles n'avaient pas éclaté, et nous étions reçus par une fusillade des plus vives. Je m'éveillais à ce moment, les coups de fusils n'étaient pas un rêve, plusieurs de mes compagnons étaient déjà sortis pour en connaître la cause. Je les trouvai, causant avec un soldat qui leur expliquait que dans un village situé derrière le bois qui se trouve à trois cents mètres de là, une compagnie d'infanterie de marche et deux compagnies de mobiles enlevaient un poste ennemi qui s'y était établi la veille. Les cris des combattants arrivaient jusqu'à nous, et plusieurs balles égarées frappèrent les toits des bâtiments près desquels nous étions. La place n'était pas sans danger, nous rentrâmes pour attendre le jour qui commençait à poindre.

IV.

Nous quittons les Pesards à sept heures. La matinée est froide, une forte rosée couvre la plaine; près des travaux de défense où nous avons été arrêtés hier au soir, nous sommes obligés de passer dans les bois : la route est coupée dans toute sa largeur par une tranchée d'environ deux mètres de profondeur sur quatre de largeur, remplie d'eau jusqu'à moitié et dans le fond de laquelle sont plantés des pieux aiguisés, reliés entre eux par de forts fils de fer; derrière cette fosse et sur un parcours d'à peu près cinquante mètres, aboutissant à un remblai défendu par des pièces d'artillerie, la chaussée est couverte de grands trous ronds, semblables à ceux produits par l'arrachage d'un arbre, et dont le centre est occupé aussi par un solide pieux aiguisé. Cela ne ressemblait en rien aux obstacles faits entre Provins et Maison-Rouge, et qui, le 16 septembre 1870, n'ont guère retardé de plus d'une heure la marche de la colonne ennemie commandée par le prince Albrecht.

Au moment où nous passons, des soldats sont occupés à faire le café. Les régiments s'apprêtent à partir : de tous côtés des colonnes viennent se ranger en bataille le long des bois qui bordent la route. L'artillerie est attelée, les conducteurs sont en selle.

A chaque pas, nous sommes entourés par des groupes qui, tous, nous adressent la même question :

— Avez-vous vu des Prussiens par-là ?... Sont-ils encore loin ?...

La majeure partie de ces troupes est composée de jeunes soldats qui n'ont pas encore vu le feu; leur jactance ne connaît point de bornes : ils parlent d'exterminer tout.

Nous nous étions arrêtés pour laisser défiler un régiment de marche, quand un soldat sortit des rangs et se jeta au cou de trois de mes compagnons : il venait de reconnaître des camarades de son village. L'entrevue fut courte, nous le quittâmes en lui souhaitant bonne chance. Pauvre garçon ! quelques heures plus tard un obus lui enlevait un bras et lui labourait le visage.

Un peu plus loin nous traversons un campement de tirailleurs algériens et de chasseurs à pied; quelques uns de ces derniers nous demandent si nous avions déjà vu des Prussiens et comment ils sont habillés. Je leur en dessinai un croquis : le casque à paratonnerre les amusait beaucoup; ils coururent le montrer à leurs camarades.

— Avec un casque comme ça, dit l'un d'eux, on ne peut pas faire autrement que d'être battu !

Des cuirassiers du 9e régiment, rares débris de Reischoffen peut-être, assistaient silencieux, en mordant leurs moustaches, à ces vantardises de gamins, qui se figuraient qu'ils n'avaient qu'à se montrer pour mettre l'ennemi en fuite.

De longues colonnes de cavalerie traversent la plaine à notre droite, se dirigeant vers des hameaux que l'on aperçoit dans le lointain.

Nous arrivons à Gien vers une heure ; la pluie commence à tomber. Les abords de la ville sont occupés par des camps considérables, et à chaque instant de nouveaux régiments arrivent par le chemin de fer. La route est encombrée de fourgons et de prolonges d'artillerie ; à la gare, des soldats sont en train de décharger tout le matériel indispensable à une armée en campagne.

L'avenue qui descend en ville n'est qu'un affreux cloaque dans lequel pataugent des milliers d'hommes aux uniformes bigarrés.

Nous nous présentons à la sous-préfecture : on n'y connaissait pas plus le préfet de Seine-et-Marne que le roi d'Araucanie. On nous envoya à la sous-intendance militaire où, après avoir attendu plus d'une heure dans les escaliers, on nous donna une feuille de route collective, avec l'ordre de nous trouver à huit heures du soir à la gare du chemin de fer pour y prendre un train qui doit nous emmener à Nevers, où, suppose-t-on, le préfet doit s'être replié.

Gien est un chef-lieu d'arrondissement du département du Loiret, sa population est d'environ 6,528 habitants. Située sur la rive droite de la Loire que l'on traverse sur un pont très-ancien, la partie basse de la ville, par suite des crues, est exposée à de fréquentes inondations, ainsi que le constatent des inscriptions placées sur les monuments et qui indiquent la hauteur atteinte par les eaux à différentes époques. Vers le sud, la ville s'étend en amphithéâtre sur le penchant d'un coteau couronné par l'église Saint-Pierre et un vieux château.

Les auberges regorgent de monde : soldats, francs-tireurs, mobiles, etc. On ne peut rien obtenir nulle part ; après bien des recherches, je parvins à découvrir un pain de trois livres que le marchand me vendit 75 centimes. Ils sont patriotes les habitants de Gien, mais surtout commerçants. Un camarade, de son côté, s'était procuré un peu de charcuterie. Nous entrons dans l'atelier d'un maréchal-ferrant dont le soufflet de forge est tiré par un chien boule-dogue, qui, s'il n'était retenu par des marques d'attachement représentées par une corde, aurait bientôt fait de jouer des pattes pour conquérir sa liberté. Là, assis par terre, dans un coin, nous dévorons plutôt que nous ne mangeons, entre six, nos minces provisions.

En nous promenant sur les bords de la Loire, nous croisons un corps dont nous admirons la belle tenue : ce sont les gendarmes de plusieurs cantons ; ils ont reçu l'ordre de se replier sur Gien, où ils s'organisent en régiment. Leur calme contraste avec le bourdonnement et la légèreté des troupes que nous avons vues dans la matinée ; ce sont là de vrais soldats, dignes et disciplinés.

C'était surtout le soir que l'on s'apercevait du relâchement de la discipline qui existait dans les armées : des troupes nombreuses de soldats avinés regagnaient leurs camps, bras dessus, bras dessous, en braillant d'une façon sauvage la *Marseillaise* et les *Girondins*.

Les abords du chemin de fer présentaient un aspect étrange ; la nuit était sombre, la pluie tombait toujours. Aussi loin que l'œil pouvait embrasser, on voyait de tous côtés dans la plaine s'élever les flammes des feux de bivouacs. Les silhouettes des hommes qui allaient et venaient se détachaient comme des ombres chinoises. Les oreilles étaient frappées par un bruit indéfinissable, produit par une agglomération de plus de 40,000 hommes. Tout cela dans mon imagination ressemblait à l'enfer.

Les quais de la gare étaient encombrés de soldats de toutes armes, malades ou blessés, qui ne pouvaient pas suivre leurs corps et que l'on évacuait sur Nevers ; des détachements d'artilleurs partaient aussi pour aller chercher des chevaux et des munitions à Bourges.

A son arrivée, le train fut littéralement pris d'assaut : les portières des wagons n'étaient pas assez larges, c'était un tohu-bohu infernal auquel assistaient des officiers, mais aucun d'eux n'élevait la voix pour essayer de ramener l'ordre.

Je parvins à me caser dans un coin ; j'étais rompu par la fatigue, aussi, malgré le tapage de mes voisins, je ne tardai pas à m'endormir.

Je ne m'éveillai qu'en arrivant à Nevers : il était trois heures du matin. Avec mes camarades, nous cherchâmes de tous côtés à découvrir un gîte : personne ne voulut nous ouvrir. De guerre lasse, nous revînmes à la gare, où, après nous être introduits dans une des nombreuses salles d'attente, je m'étendis de mon mieux sous une banquette, la tête reposant sur mon petit paquet d'effets ; je m'endormis profondément. Quoique le parquet ne fût guère moelleux, c'est encore une des meilleures nuits que j'ai passées durant la campagne.

Dans la journée, nous allons à la préfecture, afin de faire régulariser notre position. Nous sommes reçus par un petit homme possesseur d'un crâne auprès duquel celui du bon M. Dubois, le concierge de la mairie de Provins, est une véritable forêt vierge. Nous lui demandons M. le préfet de Seine-et-Marne, il nous indique un escalier sur le palier duquel nous trouvons une porte ornée d'une plaque de cuivre portant en lettres gravées : *Cabinet du Préfet*. Nous frappons.

— Entrez, répondit une voix à l'intérieur.

Nous entrons : un monsieur assis dans un grand fauteuil bergère, les pieds sur les chenets, devant un bon feu, lisait un journal. Ce qu'il y voyait l'intéressait probablement beaucoup, car il ne tourna pas la tête pour répondre à notre salut.

— M. le préfet de Seine-et-Marne, s'il vous plaît ?

— Le préfet de Seine-et-Marne, répondit-il tout en continuant sa lecture... le préfet de Seine-et-Marne... ce n'est pas moi !...

Puis après une pause :

— Ce n'est pas moi, mais je peux vous dire où vous le trouverez.

— Vous nous obligerez beaucoup.

Alors se tournant à demi de notre côté :

— Montez encore un étage, la deuxième porte à gauche.

— Merci, monsieur.

Nous grimpons de nouveau l'escalier. Un tableau écrit à la main nous annonce que nous avons enfin trouvé ce que nous cherchons.

En l'absence du préfet, M. Edmond Villers, sous-préfet de Coulommiers, nous écouta avec bienveillance ; c'est un des rares administrateurs en qui j'ai trouvé peu de fierté et des abords faciles.

Il nous fit passer dans un bureau où l'on signa notre admission en subsistance à la compagnie provisoire de Provins. Nous faisions dès-lors partie du 2e bataillon du 1er régiment de marche de Seine-et-Marne et du 19e corps d'armée.

V.

Nevers est une ville ancienne, bâtie sur le penchant d'une colline, au confluent de la Nièvre et sur la rive droite de la Loire qui en baigne le pied ; sa population est d'environ 19,000 habitants. Deux lignes de chemin de fer, la première, de Paris à Lyon par le Bourbonnais ; la seconde, d'Auxerre à Nevers, lui donnent une importance assez considérable.

Les rues sont tortueuses et peu praticables pour les voitures ; les maisons mal construites. Dans beaucoup d'endroits, pour aller d'une rue à l'autre, on est obligé de monter des escaliers sales et peu commodes. Les anciennes portes de la ville sont assez bien conservées : l'une d'elles renferme un Musée lapidaire.

Nevers possède quelques curiosités, parmi lesquelles il faut citer le palais ducal, aujourd'hui palais de justice, magnifique morceau d'architecture devant lequel existe une grande place ornée d'une fontaine monumentale et d'où l'on jouit d'une très-jolie vue sur la Loire ; un arc-de-triomphe élevé en l'honneur de Louis XIV ; la maison de maître Adam Billaut, le menuisier-poète, auteur de la chanson : *Aussitôt que la lumière*, et qui mourut en 1662 ; la tour en dentelle de pierres et les vitraux de la cathédrale ; l'évêché, les églises S.-Etienne, Saint-Pierre, Sainte-Marie ; la fonderie nationale de la marine ; le pont en pierres sur la Loire, d'une longueur de 320 mètres ; le pont du chemin de fer ; les casernes, la prison, le parc et les promenades.

La ville présente en ce moment l'aspect d'un véritable camp : de quel côté que l'on se dirige, on ne rencontre que des soldats faisant l'exercice. Le parc est occupé par un régiment de cuirassiers qui y a dressé ses tentes ; les chevaux sont entravés après les arbres dont ils ont mangé l'écorce aussi haut qu'ils peuvent lever la tête. Dans les allées, des fantassins et des *moblots* apprennent la charge et l'escrime à la baïonnette.

L'évêché, les séminaires, les pensions, la halle-au-blé sont transformés en casernes; les hôpitaux regorgent de blessés.

Les abords de la gare sont sillonnés du matin au soir par de longs charriots du pays morvan, attelés généralement de six bœufs, employés au transport des fourrages que l'on expédie à la suite des armées.

Hélas! quel contraste avec ma ville natale: là-bas, les rues désertes, les habitants mornes et tristes, les magasins vides d'acheteurs. Quand les casques prussiens apparaissent, chacun se demande: Que va-t-il encore se passer?

Ici, au contraire, les rues pleines d'une foule bruyante et animée, les magasins remplis, les cafés, les bals et les théâtres encombrés. Quant aux casques prussiens, les badauds font queue pour les voir, il est vrai que leur apparition n'a pas lieu dans les mêmes conditions qu'à Provins, ici on en voït deux à la vitrine d'un armurier.

On nous donna pour logement les magasins de la fabrique de porcelaine Ristori, rue Saint-Genest; on nous entassa trente et quarante dans des chambres où on pouvait tenir à peine une douzaine. Une litière infecte de paille brisée nous servait de lit; on ne pouvait pas dormir de la nuit; l'air vicié que l'on respirait nous étouffait; joignez à cela que des turcos avaient séjourné là avant nous, et ils y avaient laissé pas mal de souvenirs animés qui ne nous laissaient pas un moment de repos.

Malgré notre misère, le vieil esprit gaulois, qui est un des côtés saillants du caractère français, ne nous abandonnait pas. A peine installés, chacune des chambres que nous occupions reçut un nom plus ou moins pompeux, il y avait : *le Grand Salon des Princes*, *l'Hôtel des Quinze sans Couverts*, *l'Hôtel de l'Escargot qui renifle*. Des loustics avaient collé à la porte donnant sur la rue un écriteau sur lequel on lisait : *On demande des blanchisseuses*.

La décoration intérieure n'avait rien de bien récréatif pour les yeux : des souliers, des chaussettes et des mouchoirs d'une propreté douteuse, se balançaient sur des ficelles tendues d'un mur à l'autre.

Les meubles se composaient d'une espèce de grand casier garni de tiroirs, dans lesquels on serrait la marchandise quand la fabrique travaillait. Les premiers moblots arrivés s'en étaient emparés et y avaient établi leurs nids : chaque tiroir était habité, et, le soir, lorsqu'ils faisaient l'appel, c'était chose curieuse à voir les officiers provisoires chercher dans chaque case pour s'assurer de la présence des locataires.

Il y avait deux jours que nous étions là, on ne parlait pas de nous payer ; ceux qui avaient encore quelque argent aidaient les autres, un bon nombre d'entre nous furent réduits à aller implorer la charité des habitants pour manger. Chose étonnante, c'est qu'en présence de l'abandon dans lequel on nous laissait, les désertions furent peu nombreuses, on en compta à peine une douzaine, et encore parmi les hommes qui étaient partis, on en retrouva dans les légions de Garibaldi.

Quant à moi, j'étais bien décidé à ne plus coucher dans cet endroit. A force de chercher, j'avais fini par découvrir une auberge où, moyennant vingt-cinq centimes par nuit, j'avais le droit de m'étendre... sur le carrelage. Je préférais cela, au moins j'avais de l'air, la chambre était grande et bien close. Il y avait dans un coin un lit pour une personne, trois de mes camarades le louèrent à raison de soixante-quinze centimes. Bessonnat et le petit Guérard, qui avaient fait la route avec nous, habitèrent aussi la même chambre. Il y avait encore deux mobiles de la Nièvre, blessés au combat d'Orléans, et qui n'avaient pu se faire recevoir à l'hôpital parce qu'il y avait trop d'encombrement.

Chaque matin, nous pansions la blessure d'un de ces malheureux : il avait reçu une balle qui lui avait traversé le cou, cela le faisait horriblement souffrir ; l'autre, d'une constitution délicate, avait été culbuté par une charge de cavalerie et foulé aux pieds des chevaux ; il était sans force et ne se levait pas de la journée ; l'aubergiste, personne charitable, lui apportait de temps en temps du bouillon.

Vers la fin de la semaine de notre arrivée, on nous convoqua pour assister à l'exécution d'un jeune homme des environs de Melun, condamné à mort, par la cour martiale, pour avoir livré à l'ennemi des soldats français qu'il était chargé de conduire. Plusieurs d'entre nous avaient déjà été témoins, quelques jours auparavant, de l'exécution de Picard, manouvrier à la ville haute de Provins.

En revenant de l'exécution, on nous remit notre première paye, nous touchions un franc par jour et chacun se nourrissait comme il l'entendait; ce système était préférable à l'ordinaire des autres troupes.

Le vin coûtait quarante centimes le litre; le pain, quinze centimes la livre. Dans certains restaurants on vous prêtait une écuelle en terre dans laquelle vous coupiez la quantité de pain nécessaire, et, moyennant dix centimes, on vous trempait une soupe; après cela, vous preniez une portion de viande ou de légumes, qui vous coûtait vingt-cinq centimes. Comme on le voit, il ne fallait pas trop s'écarter pour vivre avec sa solde.

Pour nous occuper, on nous réunissait chaque jour sur la place ducale : le matin, de huit heures à dix heures, et l'après-midi, de deux à quatre heures. Divisés en petits groupes, sous la direction d'instructeurs dont les connaissances militaires n'étaient guère plus étendues que les nôtres, nous exécutions les premières leçons de l'école du soldat.

Un matin, l'escouade dont je faisais partie fut commandée pour transporter de la gare à l'hôpital des blessés qui arrivaient des combats de Beaune-la-Rollande et de Châtillon-sur-Loire. Il y avait là, pêle-mêle, sans distinction d'arme ni de nationalité, zouaves, lignards, chasseurs à pied, mobiles, Bavarois, Prussiens, les vêtements souillés de sang et de boue, la face blême, les traits tirés par la souffrance : ces malheureux faisaient pitié à voir. Ils avaient passé près d'une journée sur le champ de bataille avant d'être relevés ; le froid et la neige qui couvrait la terre leur avaient roidi les membres.

Aidés d'un camarade, nous prenons, pour le mettre sur le brancard, un jeune zouave, presque un enfant ; il avait les deux genoux fracassés et pleurait en appelant sa mère. L'émotion me gagna, je pleurais à mon tour. Moi aussi j'avais une mère, elle devait être bien inquiète sur mon sort, ne pouvant lui donner de mes nouvelles par suite de l'impossibilité où nous étions de communiquer avec Provins, les Prussiens interceptant tous les courriers.

Un des médecins chargés de surveiller le transport m'interpella vivement :

— Dites donc, vous, là-bas, grand serin, est-ce que vous n'avez pas autre chose à faire que de pleurer ? Allons, allons, vous en verrez bien d'autres ; enlevez-moi cet homme-là !...

Je ne pouvais pas lui répondre : il était mon supérieur ; j'avais le droit de recevoir des observations, mais pas celui d'en faire.

Dans la soirée du jour où cette scène se passait, la ville prit un aspect de fête : plusieurs maisons particulières se pavoisèrent ; je crus à l'annonce d'un succès de nos armes ; il n'en était rien. On attendait Garibaldi, allant de Tours à Auxerre, prendre le commandement de ses légions, et qui devait s'arrêter à Nevers en passant.

Le lendemain, la nouvelle de la reprise d'Orléans, par l'ennemi, arriva ; elle se répandit dans nos rangs avec la rapidité d'un éclair. Après l'exercice, on se bousculait pour lire la dépêche. Pour ceux qui, comme moi, ne désespéraient pas de voir la France sortir du bourbier dans lequel l'avait fait tomber un gouvernement à jamais maudit, le coup fut rude. Nous ne pouvions comprendre quelles raisons forçaient le général d'Aurelles de Paladines, à la tête d'une armée de 200,000 hommes, pourvue de 300 bouches à feu, à abandonner la place devant Von der Thann qui n'avait que 70,000 hommes.

Quelques jours plus tard, le ministre de la guerre envoya l'ordre, au général commandant la région de la Nièvre, de diriger immédiatement sur Tours le 1er régiment de marche de Seine-et-Marne. En apprenant cette décision, nous dansâmes de joie. Nous allions donc voir l'ennemi.

Mais nous nous étions réjouis trop vite. Seul, le premier bataillon, que notre colonel Huot, de Darvault, avait eu le temps d'organiser dans l'arrondissement de Fontainebleau avant l'envahissement complet du département, était équipé et armé, il partit, nous laissant nous morfondre dans l'inaction.

Après son départ et à cause de l'abaissement extraordinaire de la température, on nous changea de casernement, on nous nicha dans les greniers de la halle au blé, avec une botte de paille pour trois hommes. Si les chambres de la fabrique de porcelaine Ristori étaient petites, en revanche, notre nouveau local était bien deux fois trop grand, la plupart des carreaux des fenêtres étaient brisés, et un zéphir dont on se serait bien passé nous arrivait par un grand escalier sans porte qui donnait accès dans notre logement.

Nous étions là, attendant qu'il plût à l'administration de nous employer à quelque chose d'utile. Etre partis pour défendre la patrie et passer son temps à pourrir sur la paille, c'était vexant et décourageant à la fois.

Le 8 décembre, il y avait deux jours que le thermomètre descendait à 13 degrés sous zéro, les camps étaient levés, les troupes étaient rentrées en ville; les cuirassiers, conduisant leurs chevaux par la bride à cause du verglas qui couvrait la terre, partirent pour aller à Moulins (Allier).

Les exercices étaient interrompus, notre grande occupation consistait à nous rendre dans la rue du Commerce; un libraire avait étalé à sa devanture une carte de France, et à l'aide de petits drapeaux que l'on piquait chaque jour, suivant les dernières dépêches, nous suivions la marche de l'ennemi.

Dès que nous arrivions, nos yeux cherchaient Provins: le satané drapeau noir et blanc n'en disparaissait pas; nous en concluions que notre ville était toujours occupée.

Ce même jour, 8 décembre, nous reçûmes un commencement d'organisation : on réunit la compagnie provisoire de Provins dans le Musée de l'Hôtel-de-Ville, pour procéder à l'élection des cadres.

M. Villers, qui présidait, nous fit un petit discours dans lequel il nous recommandait de porter notre choix sur des hommes sur lesquels nous pouvions compter et en qui nous aurions confiance, car, ajouta-t-il, vous allez être appelés très-prochainement à aller au feu.

La fable des deux voleurs et l'âne se renouvela une fois de plus : plusieurs fractions s'étaient formées entre les candidats qui se présentaient. Le dépouillement du scrutin amena la nomination aux grades d'officiers et de sous-officiers de mobilisés qui étaient restés complètement étrangers à ces cabales.

Dans cette occasion, mes camarades me donnèrent une marque de sympathie dont je leur suis reconnaissant : je fus nommé sergent.

Les élections terminées, on nous consigna à la caserne de la Faïencerie. Pourquoi ? Personne n'en a jamais rien su.

Le lendemain, à sept heures du soir, on nous conduisit sur la place du Marché ; chacun de nous reçut un sac, une couverture, une tente et des piquets; des marmites, gamelles et bidons de campement furent répartis entre les escouades, puis on nous rangea et nous partîmes par la route de Paris.

Où allions-nous ? Tout le monde l'ignorait.

Bientôt nous arrivons dans les faubourgs de la ville, que nous traversons sans nous arrêter ; les travaux de défense élevés par le génie sont dépassés à leur tour, nous voici dans la campagne.

Nous marchions toujours, le bruit circulait dans nos rangs que nous allions camper. Une neige persistante, poussée par un vent violent, s'attachait à nos vêtements. Nous fîmes ainsi neuf kilomètres, les pieds dans dix centimètres de neige, sans rencontrer personne et sans nous arrêter un seul instant.

A onze heures, nous arrivâmes près de grandes baraques en planches ; on commanda halte : nous étions au camp de Pignelin.

L'intérieur des baraques était garni de paille, de grands fourneaux en occupaient le milieu. La difficulté était de se procurer du bois pour faire du feu : plus de 100,000 hommes avaient campé là avant nous, et les arbres qui bordaient le camp n'avaient plus qu'un tout petit bouquet de branches à leur faîte.

On plaça des factionnaires qui montèrent la garde avec des bâtons ; on alluma de la paille et chacun s'enveloppant de sa couverture et de sa toile de tente, s'étendit par terre.

A quatre heures du matin, on nous éveilla vivement : il fallait retourner à Nevers. Nous ne comprenions rien à ce manége.

En arrivant en ville, devant la grille de la préfecture, nous croisons des groupes de soldats : ils sont couverts de boue, dans un désordre affreux, les uns sans sacs, sans képis, d'autres sans armes. Des fantassins sont couchés sur le trottoir, dans la neige, ils dorment profondément ; plusieurs n'ont plus de chaussures, leurs pieds sont entortillés avec des linges ; leurs fusils sont couverts de rouille.

C'est la déroute !...

Ces hommes arrivaient d'Orléans : la panique qui s'était emparée d'eux était si forte qu'ils avaient parcouru la distance de trente lieues en deux jours sans presque rien manger. Ils avaient répandu le bruit que l'ennemi était sur leurs talons, c'est pour cela que l'on nous faisait revenir bien vite.

On nous consigna de nouveau à la Faïencerie, avec ordre de nous tenir prêts à partir. Nous pouvions nous promener sur les bords de la Loire, mais nous ne devions pas quitter les quais sans permission.

De l'endroit où nous étions, nous voyions bien que quelque chose d'extraordinaire se préparait : des ouvriers étaient occupés sur le pont à faire des trous dans lesquels on descendait des tonneaux de poudre.

Dans l'après-midi, l'ordre du départ arriva : nous allions à Clermont-Ferrand. L'ennemi s'avançait : on nous faisait *replier en bon ordre*, selon l'expression d'alors.

Sur le point de monter en wagon, un général, qu'on m'a dit être le général Du Temple, arriva près de nous, il était dans un état d'exaltation impossible à décrire ; un colonel de la mobile faisait tous ses efforts pour le calmer ; il gesticulait et criait avec force :

— Voyons, vous autres, vous n'avez donc pas de patriotisme non plus !... Où sont-ils ceux qui veulent défendre la ville, qu'ils parlent ?...

— Donnez-nous des armes, nous resterons avec vous.

— Des armes... des armes... nous en aurons des armes : je vais faire désarmer la garde nationale sédentaire, vous aurez ses fusils !

De son côté, le colonel de la mobile nous disait :

— Allez, ne l'écoutez pas ; allez, partez, montez en wagon.

Le général reprit en jurant :

— Voyons, est-ce que les enfants de Seine-et-Marne ont peur de l'ennemi ?... Que les peureux s'en aillent, mais que ceux qui veulent *crever* restent !...

Un de nos camarades, un Provinois, enhardi par quelques petits verres de consolation qu'il avait absorbés en faisant ses adieux, lui répondit sur un ton assez dégagé, ce qui lui valut quinze jours de prison que le général lui infligea, mais qu'il ne fit jamais.

Enfin, le colonel parvint à l'entraîner et à le faire sortir de la cour de la gare, puis lui prenant le bras, ils s'éloignèrent.

Cette scène affligeante nous prouvait qu'un accord parfait était loin de régner entre ces messieurs au sujet des mesures à prendre pour recevoir l'ennemi.

D'un autre côté, nous ne pouvions comprendre qu'après avoir fait évacuer les munitions et l'artillerie, puis les troupes organisées qui se trouvaient à Nevers, on se décida à venir faire appel, pour la défense, à des gens sans organisation, sans équipement et sans armes.

Après le départ des mobilisés de l'Yonne et de la Nièvre, des cuirassiers et des mobiles du Morbihan, ceux-là mêmes qui étaient au combat de Nogent-sur-Seine, le 25 octobre, nous étions restés seuls avec le dépôt du 67e de ligne.

VI.

L'empressement avec lequel on faisait évacuer le matériel de guerre et celui de la fonderie de la Marine était tel qu'on ne se donnait pas le temps de l'emballer. Au moment de notre départ, des vieux fusils provenant du désarmement de la garde nationale, fait en 1852, furent distribués aux hommes des 2e et 3e compagnies de notre bataillon, pour qu'ils aient à les emporter. L'administration s'évitait ainsi des frais de transport.

A cinq heures du soir, le train se mit en marche ; par suite des ordres et contre-ordres, notre embarquement avait duré trois heures.

A dire vrai, nous quittions Nevers sans regrets, nous y étions si mal, et puis nous commencions à avoir de la difficulté pour vivre avec notre solde : les marchands profitaient du séjour des troupes pour augmenter tous leurs prix.

Vers huit heures, le train s'arrêta à Moulins (Allier). J'eus le temps de courir jusqu'auprès de la Tour de l'Horloge, acheter un pain de quatre livres, car dans la précipitation qu'elle avait mis à nous faire partir, l'administration avait oublié de nous laisser aller dîner.

Dans l'obscurité, je me perdis ; pour revenir, je pris une rue pour une autre, je traversai l'Allier sur un pont d'une très-grande longueur et j'arrivai à la gare juste au moment où le train allait se mettre en marche. Ma rentrée dans le wagon fut accueillie avec plaisir par les camarades ; l'attaque de la miche commença immédiatement, et en moins de dix minutes il n'en restait plus de trace.

Nous passons devant Gannat à toute vapeur. Cette ville est bâtie sur une éminence ; les maisons sont construites en laves de Volvic, ce qui leur donne un aspect sombre. Jusqu'ici la campagne n'a rien d'extraordinaire, mais à partir de cette gare le paysage change : nous entrons dans l'Auvergne. De tous côtés, dans le lointain, nous apercevons des montagnes s'échelonnant les unes sur les autres. La lune brille d'un vif éclat ; le froid est sec ; tout le monde est aux portières : nous avons des vues splendides.

A mesure que nous avançons, la campagne devient de plus en plus pittoresque ; au détour d'une courbe, nous apercevons Clermont, l'aspect en est fort beau, tout autour ce ne sont que des montagnes : dans le fond s'élève le majestueux Puy-de-Dôme, entouré de brouillard.

Sur notre droite, dans la vallée, nous distinguons les tentes et les feux d'un camp. Sur les coteaux, dans les vignes, des petites maisonnettes détachent leurs silhouettes et font un effet magique.

A deux heures du matin, le train entrait en gare. Ceux qui croyaient qu'à Clermont nous allions recevoir ce que l'on donne ordinairement aux troupes qui voyagent, c'est-à-dire des billets de logement et du pain, furent bien désappointés, quand, après une très longue attente sur les quais, dans la neige, et par un froid des plus vifs, on nous apprit que l'autorité locale n'était pas même avertie de notre arrivée et qu'on allait nous conduire au quartier de cavalerie.

On nous fit entrer dans le manége pour y passer le reste de la nuit ; nous enfoncions jusqu'aux genoux dans une poussière humide ; nous n'avions pas de paille, et pour des gens qui viennent de passer onze heures en chemin de fer, nous avions rêvé mieux que cela.

Le 2e bataillon commença à murmurer, peu à peu cela gagna les 3e et 4e, et au bout de cinq minutes nous déclarions tous ne pas vouloir coucher là.

Les officiers tinrent conseil à la suite duquel on nous fit sortir pour aller dans les écuries ; là, du moins, il faisait plus chaud que dans le manége.

Il y avait bien de la paille, mais il était défendu d'y toucher, nous n'avions que le droit de la regarder. Chacun déboucla les courroies de son sac, étendit sa toile de tente sur le pavé et se coucha en se roulant dans sa couverture.

Si seulement les pavés eussent été comme ceux de nos pays, il n'y aurait eu que demi-mal, car nous étions déjà habitués à la dure ; mais c'était une sorte de pavage qui domine dans les villes du Midi et que l'on nomme *têtes de chats*. Imaginez-vous de gros cailloux scellés les uns aux autres à l'aide de ciment, et vous aurez une idée de notre sommier dans la nuit du 11 décembre 1870.

Le lendemain matin, au réveil, les estomacs commencèrent à réclamer : depuis plus de seize heures la plus grande partie d'entre nous n'avaient rien pris. J'avais lu quelque part que, dans le désert, quand les sauvages ont soif et faim et qu'ils n'ont rien à se mettre sous la dent, ils ramassent des cailloux qu'ils mettent dans leur bouche; j'essayai de ce procédé, mais il faut croire que les cailloux de Clermont ne possèdent pas la même vertu que ceux du désert, car celui que je suçai pendant une demi-heure ne me produisit aucun effet.

Nous voulions sortir pour aller en ville, le cuirassier de faction s'y opposait; déjà nous complotions pour le bousculer, tant il est vrai que :

Ventre affamé n'a pas d'oreilles,

quand arriva un officier qui lui donna l'ordre de nous laisser passer.

Par suite de l'heure matinale, nous ne trouvions pas à manger dans les restaurants; avec cinq de mes camarades nous achetâmes, plein un de nos grands bidons, du lait, qu'une bonne vieille Auvergnate voulut bien nous faire chauffer.

C'était un dimanche, nous étions libres jusqu'à six heures du soir, nous en profitâmes pour visiter la ville.

Clermont-Ferrant, chef-lieu du département du Puy-de-Dôme, est situé à 382 kilomètres de Paris; sa population est de 38,000 habitants. Sur une éminence, entre deux montagnes, la ville est entourée de beaux sites. Elle renferme plusieurs monuments fort curieux : la cathédrale commencée en 1248, non encore achevée ; l'église Notre-Dame-du-Port, qui date de 853 ; la statue du général Desaix, le palais de justice, la mairie, la préfecture. L'eau est abondante, elle arrive par des conduits souterrains jusque dans la partie la plus élevée de la ville, d'où elle est distribuée dans tous les quartiers par plusieurs fontaines, parmi lesquelles on distingue le Château-d'Eau et une autre fort jolie sur la place du Taureau.

L'eau de la fontaine Saint-Alyre, dans la rue du Chat, dépose un sédiment pierreux qui couvre en très-peu de temps tout ce qu'on y plonge.

A six heures du soir, nous étions réunis dans la cour de la caserne ; on allait, disait-on, nous distribuer des billets de logement. Par suite de je ne sais quelle cause, notre compagnie seule n'en reçut pas. On nous annonça que nous allions aller coucher dans l'écurie des abattoirs : il n'y avait vraiment pas de quoi être content, aussi les murmures recommencèrent-ils plus forts que le matin.

Nous suivions les rues en bêlant comme des moutons ; les habitants surpris de cette promenade nocturne, nous arrêtaient à chaque pas pour savoir où nous allions, la réponse était invariable : A l'abattoir !... à l'abattoir !... Plusieurs d'entre eux, qui connaissaient l'endroit et sachant d'avance que nous n'y serions pas bien, se consultèrent un moment. Aussitôt, un brave monsieur s'écria : J'en prends deux. Moi aussi, dit un autre. Un troisième, puis un quatrième et beaucoup d'autres en firent autant : au bout de dix minutes la compagnie était bien diminuée. Cette nuit-là, il n'y eut que ceux qui n'eurent pas la chance de rencontrer une personne charitable qui couchèrent sur la paille humide des abattoirs.

En chemin, je rencontrai mon camarade Alfred Lemaire, le sergent-fourrier de la compagnie. Il avait acheté un billet de logement à un homme d'un autre bataillon, il me proposa de le partager avec lui.

Il est des moments dans la vie où, sans être trop égoïste, l'homme éprouve un sentiment personnel qui fait que volontiers il oublie les souffrances des autres pour ne songer qu'à lui-même. C'est ce sentiment qui fit qu'après quelques hésitations pour quitter mes camarades qui allaient coucher sur la paille, j'acceptai l'offre du fourrier. Et puis, c'était si tentant de coucher dans un lit! Depuis le 23 novembre je ne m'étais pas déshabillé...

Le billet de logement que nous possédions était pour un tonnelier de la rue Fougièvre. A notre arrivée, ce brave homme était dans une inquiétude bien facile à comprendre; il venait de recevoir une lettre qui lui annonçait qu'un de ses fils, fourrier dans la mobile, avait été blessé d'un coup de feu à la dernière affaire d'Orléans. Après dîner, il nous conduisit chez un de ses voisins, où un lit nous avait été préparé. Oh! quel lit! comme il était doux, comparé à celui de la veille!

Le lundi, on nous fit faire, sac au dos, une grande promenade militaire : Royat était le point choisi pour cette excursion ; nous n'eûmes pas à nous en plaindre.

En partant, comme nous défilions sur la place Jaude, devant la statue de Desaix, ornée de drapeaux et de couronnes apportés là sans doute pour protester contre la conduite de certains généraux de nos jours, si peu soucieux de leurs devoirs, un moblot sortit des rangs, escalada la grille qui entoure le monument et déposa une belle couronne de lauriers aux pieds du jeune héros, dont les dernières paroles furent celles-ci :

« — Allez dire au Premier Consul que je meurs « avec le regret de ne pas avoir assez fait pour « ma Patrie. »

Royat est un petit village aux sites les plus pittoresques. Situé à quelques kilomètres de Clermont, dans une gorge, entre deux montagnes de basaltes, sur un ancien courant de laves et entouré de gibbosités énormes que la coulée a produites en se boursoufflant. Au milieu de grands rochers, se trouve une grotte charmante entourée de sources dont l'eau pure jaillit de toutes parts. De tous côtés s'élèvent de riches villas et maisons de plaisance. Un établissement thermal, que les médecins n'ont pas encore mis à la mode, y attire déjà pas mal d'étrangers.

Nous fîmes la grande halte au milieu des montagnes, et, comme beaucoup de camarades, je profitai de ce moment pour grimper au sommet d'un des pics qui avoisinent le Puy-de-Dôme; le point de vue dont nous jouissions est indescriptible : à plus de mille mètres, sous nos pieds, les maisons de Clermont et des villages environnants ressemblaient à ces petits joujoux en bois de sapin que l'on donne aux enfants.

Comme ceux de Clermont, les habitants de Royat ont bon cœur et sont très-patriotes; ils venaient nous offrir des rafraîchissements et des fruits sans vouloir accepter aucune rémunération.

Le soir, au retour, notre hôte nous ménageait une surprise : il nous invita gracieusement à nous mettre à table, la *bonne choupe aux choux au lard et du petit chalé*, cuisine tout à fait locale, nous attendaient; le tout fut arrosé d'un nectar du pays qui avait aussi son mérite.

Après avoir passé la soirée avec ses bonnes gens, qui ne cessaient de nous questionner sur la conduite des Prussiens dans nos contrées, nous prîmes congé d'eux pour aller nous reposer.

Nous ne devions point passer la journée du mardi à Clermont, quoique la veille, en revenant de la promenade, on nous eut distribué des billets de logement pour trois jours. Après l'exercice du matin, on nous donna l'ordre de nous trouver, à midi précis, sac au dos, dans l'avenue du Château : nous partions pour le Midi. On parlait de l'Algérie, de Marseille, de Toulouse, etc., je ne suis pas bien sûr qu'on n'ait pas parlé de la Chine.

Cette fois, on s'y prit mieux qu'à Nevers, avant de partir, on nous donna une journée et demie de solde, en nous prévenant d'acheter des vivres, car nous avions trente heures de chemin de fer.

Commandés pour midi, nous attendîmes pendant quatre heures dans l'avenue de la Gare et par une pluie battante notre tour d'embarquement. On nous entassait dans toutes sortes de wagons, même ceux qui servent au transport des bestiaux et du charbon. C'est à dater de ce moment que je commençai réellement mon métier de sergent, une vraie besogne de chien de berger. Nous devions faire placer les hommes et veiller à ce que chaque compartiment fût complet, ceux qui devaient monter dans les wagons à bestiaux n'étaient pas contents, et à mesure qu'ils y entraient d'un côté ils en sortaient de l'autre, cela ne finissait pas. Enfin, à cinq heures, le sifflet de la machine retentit et le train se mit en marche : nous allions définitivement à Toulouse.

Dans le wagon, je donnais un libre cours à mon mécontement, je maudissais la fatalité qui semblait s'attacher à nous : les Prussiens étaient sur la Loire, on nous envoyait sur la Garonne.

— Merluchon, mon ami, me disait le sergent Pichard, un volontaire qui s'était engagé pour la campagne, vous n'entendez rien à la stratégie ; en ce moment, nous accomplissons un mouvement tournant !... En qualité d'ancien, vous devriez savoir que la patience est une vertu, et que tout vient à point à qui sait attendre.

Malgré cette belle logique, je ne pouvais comprendre à quel plan se rattachait notre envoi à 150 lieues du théâtre de l'action. Si c'était pour nous armer et nous équiper, il eut été bien plus simple de faire venir les armes et équipements que de nous envoyer là où ils pouvaient se trouver.

Je me mis à la portière pour faire diversion à mes pensées ; nous traversions en ce moment la magnifique vallée du Mont-d'Or, le chemin de fer tourne continuellement avec des courbes effrayantes. Au milieu de la vallée qui est très-resserrée, coule avec fracas un torrent impétueux ; de chaque côté, la route et le chemin de fer sont entaillés dans le roc.

Quoique remorqué par deux machines, le train n'avançait pas vite, un grand nombre de moblots étaient descendus sur la voie et suivaient en courant sur le côté. A huit heures du soir, il arrêta tout à fait : nous étions dans la montagne, au milieu des rochers volcaniques, non loin d'Issoire. Bien intrigué, presque tout le monde descendit; une chaîne d'attache s'étant rompue, la locomotive qui était en tête avait continué sa route avec cinq wagons; celle de derrière n'avait plus la force de nous pousser, le mécanicien faisait tous ses efforts pour ne pas être entraîné dans la descente.

Après bien de la peine, il finit par nous conduire jusqu'à Blesle, au fond d'une gorge profonde, sur une petite rivière. Là, en attendant qu'une autre machine vint nous chercher, nous examinâmes dans tous ses détails la tour de l'église : c'est la seule de ce genre que j'ai vue jusqu'aujourd'hui; elle est très-haute et construite à vingt pans.

A deux heures du matin, nous étions à Murat, au pied du Mont-Cantal; on s'y arrête cinq minutes, ce qui m'a paru insuffisant pour essayer de courir en ville, et à cinq heures, nous arrivions à Aurillac. Cette cité est assez jolie, les rues sont droites et toutes les maisons couvertes en ardoises.

Le soleil se levait quand nous traversâmes la rivière du Lot, à Figeac; les eaux sont de couleur sanguine et roulent très-rapidement. Après avoir passé plusieurs tunnels taillés dans le roc, nous découvrons Capdenac; des murs d'enceinte flanqués de tourelles entourent ce nid d'aigle, campé fièrement sur un rocher, à plus de cent pieds d'élévation.

A part Villefranche-de-Rouergues, ville bâtie en amphythéâtre, sur l'Aveyron, au confluent de la rivière l'Alzon, entourée de hautes montagnes, et Gaillac, sur la rivière du Tarn, un grand nombre de stations qui jouissent d'une juste obscurité, s'échelonnent le long de la route ferrée de Capdenac à Toulouse.

A Gaillac, on s'arrête une demi-heure. Un auteur dont je ne me rappelle plus le nom, ayant rencontré une femme bossue à son débarquement en France, écrivait qu'en France toutes les femmes étaient bossues. A Gaillac, tous les habitants ont des pieds plats et le nez camard; tous les habitants de Gaillac tiennent un restaurant; à Gaillac, la soupe se fait avec de la graisse rance. Un camarade m'offrit un bouillon borgne, je le pris en pensant qu'il aurait pu être aveugle de naissance. Comme on nous pressait de remonter dans nos compartiments, nous payâmes notre consommation, en faisant des vœux pour ne jamais être obligés d'en prendre de semblable. C'est bien joli Gaillac, les habitants à part.

A cinq heures du soir, nous débarquions à Toulouse; nous traversâmes les rues de la ville en chantant :

Allons, la mère Gaspard, encore un verre.

. . . .

Une foule considérable nous accompagnait. Arrivés sur la place du *Capitole*, on nous fit former en carré, puis on nous donna des billets de logement pour deux jours.

VII.

Dans l'après-midi du lendemain, on nous convoqua : le général, disait-on, avait manifesté le désir de nous passer en revue.

A trois heures, les bataillons étaient rangés dans les avenues Lafayette. Je ne dirai pas que le coup d'œil fut joli... joli..., mais il était drôle et peu militaire. Nous étions là depuis longtemps, et comme sœur Anne, nous ne voyions rien venir, en revanche, nous recevions sur le dos une averse des plus serrées qui, en nous mouillant jusqu'aux os, acheva de nous donner un aspect qui n'avait rien d'élégant.

A défaut du général, ce fut un commandant provisoire qui passa devant le front du bataillon ; en le voyant, je n'ai pu m'empêcher de songer à la chanson :

Eh bien ! il n'est pas drôle du tout,
C'est un bel homme, et puis v'là tout.

Comme bouquet à cette magnifique revue, il nous annonça que nous allions partir immédiatement pour le camp. Un acte très-grave d'indiscipline se produisit à ce moment, et quelques-uns des auteurs furent punis. Les habitants chez qui nous étions logés n'avaient pas manqué de nous parler du camp, et par les quelques travailleurs que nous avions vus en revenir nous avions appris qu'on y enfonçait dans la boue jusqu'à mi-jambe et qu'il n'y éxistait encore aucune baraque. Les paroles du commandant furent mal accueillies et soulevèrent de violentes réclamations. Les officiers voulurent alors faire arrêter les plus récalcitrants, mais personne ne voulut obéir. Un lieutenant prit un homme au collet, aussitôt des baïonnettes s'abaissèrent sur lui : il fut obligé de le lâcher. Enfin, on nous renvoya à nos logements, en nous convoquant pour le lendemain sur les mêmes allées.

Le lendemain, on commença à nous faire manœuvrer ; à la suite de l'exercice, on nous conduisit à l'école de dressage, rue Caraman, en nous disant que c'était là désormais que nous devions habiter. Des hommes de corvée furent commandés pour aller chercher de la paille que nous étendîmes sous nos tentes que nous avions dressées dans le manége.

A partir de ce moment, on commença sérieusement à s'occuper de nous. Il n'y avait pas une semaine que nous étions arrivés à Toulouse, et déjà nous avions reçu une partie de notre équipement et nous étions armés de fusils américains, à piston, que nous avions été chercher à la gare.

A Toulouse, comme partout ailleurs, le Gouvernement fut indignement trompé par ses fournisseurs; nos vêtements, outre la mauvaise qualité de l'étoffe, n'étaient pas seulement cousus; nos chaussures avaient des semelles si minces que nous avions les pieds tallés rien que pour aller à l'exercice, ajoutez à cela qu'ils prenaient l'eau comme des éponges, et vous jugerez comment nous devions être par le froid qui régnait à cette époque.

L'hiver 1870-71 fut aussi rigoureux dans le Midi que dans nos contrées; à Toulouse, le thermomètre descendit à 17 degrés sous zéro, et la Garonne gela entièrement, phénomène qui ne s'était pas vu depuis l'année 1819. Aussi, chaque jour, sur les quais, l'affluence des curieux était considérable. Afin d'éviter les accidents, le préfet fut obligé de prendre un arrêté qui défendait de se hasarder sur la glace.

Six heures en moyenne par jour nous faisions l'exercice, sous les ordres du lieutenant Coquet et du sous-lieutenant Bocquet, tous deux anciens militaires : nous apprenions le maniement des armes et l'escrime à la baïonnette. Le temps qui nous restait était employé à visiter la ville et ses monuments.

Toulouse est une des plus grandes et belles villes de France, à 692 kilomètres de Paris, sa population est d'environ 140,000 habitants. Fort agréablement située sur la rive droite de la Garonne que l'on passe sur de beaux ponts en pierres de taille, et un autre en fer, suspendu, qui communique au grand faubourg Saint-Cyprien, près duquel le canal du Midi fait sa jonction avec le canal latéral et le canal de Brienne. Les quais qui bordent le fleuve sont magnifiques. La ville est entourée par les larges boulevards de l'Arsenal, les Crosses, d'Arcole, Lafayette, Saint-Aubin et par l'allée Saint-Michel; elle est très-mal pavée : des *têtes-de-chats*, cailloux ronds et pointus, lassent facilement les étrangers peu habitués à un tel pavage. Les rues sont garnies de trottoirs et assainies par de nombreuses bornes-fontaines.

Les monuments méritent d'être visités :

En première ligne se place le *Capitole*, ou Hôtel-de-Ville, situé au centre de la ville, sur une grande place. Ce beau monument, dont l'origine est fort ancienne, a une façade de 120 mètres de longueur, percée d'un nombre considérable de fenêtres ; cinq portes donnent accès dans l'intérieur ; l'entrée du milieu est enrichie de huit colonnes en marbre rouge de Carrare, surmontées d'un fronton triangulaire dans le tympan duquel se trouvait l'effigie de Napoléon III, substituée à la devise : *Liberté,*

Ordre public, et remplacée elle-même aujourd'hui par les initiales de *République Française*. Suivant Malte-Brun, c'est la façon de la ville d'adhérer aux révolutions et aux changements de dynasties.

Au-dessous, on lit, gravé sur le marbre : CAPITOLIUM. Sur le haut du fronton se trouvent deux faisceaux d'armes et deux statues représentant la Justice et la Force ; aux deux extrémités de la façade sont deux frontons circulaires renfermant dans leur tympan les armes de la ville.

C'est dans la cour du Capitole que fut décapité, en 1632, sous le règne de Louis XIII, le duc de Montmorency. On y voit, dans une niche, la statue de Henri IV.

On monte par un grand escalier dans la salle des Pas-Perdus et de là dans la galerie des Illustres ; au bout se trouve la salle du Trône, de forme ronde et magnifiquement ornée. Il y a encore d'autres salles fort remarquables : celles des Festins, des Jeux-Floraux, des Capitouls et du Petit-Consistoire.

Les églises de Toulouse sont très-belles : Saint-Etienne, ou cathédrale ; Saint-Sernin, où l'on voit les tombeaux des comtes de Toulouse. C'est dans cette basilique que se fit la cérémonie de la bénédiction des bannières, en 1096, avant le départ des Croisés pour la Terre-Sainte ; on y voit encore, dans l'une des chapelles, le christ et la croix qu'ils portèrent, dit-on, à Jérusalem.

L'église de la Daurade, dédiée à la Vierge, l'église Saint-Pierre, dont le dôme est surmonté d'une statue en plomb d'une grande proportion ; l'autel est à deux faces et en marbre ; l'église du Taur, l'église de la Dalbade, qui possède les tombeaux de plusieurs chevaliers de Malte. C'est dans cette église que la duchesse de Montmorency vint réclamer le corps de son époux à Louis XIII et à Richelieu, qui assistaient au service funèbre en l'honneur du duc.

Parmi les monuments, il faut citer la Maison de Pierres, l'hôtel Saint-Jean, l'hôtel d'Assezat, le palais du Maréchal, construit par feu le maréchal Niel et qui sert aujourd'hui de quartier-général du 6e corps d'armée ; l'archevêché, l'hôpital de la Grave et l'Hôtel-Dieu. La colonne dédiée au général Dupuy, commandant la 32e demi-brigade ; sur la face principale se trouve un médaillon représentant le général, sur les côtés sont gravées des inscriptions qui rappellent ses campagnes, celle de derrière porte ces mots de Bonaparte à Lodi :

« J'étais tranquille, la 32e était là. »

L'Observatoire, situé en dehors de la ville, sur un plateau du haut duquel l'œil découvre toute la ville et suit à travers la campagne les sinuosités de la Garonne ; dans le lointain, à l'horizon, apparaissent les hautes cimes des Pyrénées : c'est une magnifique perspective. Sur ce même plateau s'élève l'obélisque de 1814, avec cette inscription sur le piédestal :

Toulouse reconnaissante :
Aux Braves morts pour la Patrie.
Bataille du 10 Avril 1814.

Il y a encore à Toulouse de fort belles places publiques, un Jardin-Royal, un Jardin-des-Plantes, un magnifique Château-d'Eau, un Arc-de-Triomphe élevé en l'honneur de Louis XIII, des promenades charmantes, un arsenal, l'un des plus grands de France, deux fonderies de canons, un polygone, des casernes, un hôtel de la Bourse, de vastes abattoirs, plusieurs magnifiques ponts sur la Garonne et un grand nombre de fontaines dont la plus remarquable est celle située devant le Palais-National. Elle se compose d'un grand bassin au milieu duquel s'élève un socle triangulaire en marbre blanc; il supporte trois sirènes de bronze autour desquelles est une balustrade de même métal. Ce groupe soutient, à une très-grande hauteur au-dessus du sol de la place, une coupe en marbre blanc; sur les pans coupés du socle sont trois têtes de lions en bronze. L'eau qui jaillit du milieu de la coupe s'élève à huit mètres; après être retombée dans la cuvette supérieure, elle descend en nappe et forme un voile devant les sirènes et va couler par les gueules des lions.

Toulouse possède une Académie universitaire, des Facultés de Droit, de Sciences et de Lettres, et une Ecole spéciale de Médecine et de Pharmacie. Elle porte dans le Midi le nom de Toulouse *la Savante.* C'est la patrie de Clémence Isaure, Pibrac; Duranti, Cujas, Maynard, Catel, Riquet, du maréchal Niel.

Le jurisconsulte Cujas et l'ingénieur Riquet, auteur du canal du Midi, y ont des statues sur les places publiques.

L'animation des rues est grande, des fiacres et des omnibus y circulent comme à Paris.

Un commerce inconnu dans nos contrées se fait sur la place du Capitole. Des marchands ayant devant eux une table chargée de piles de pièces d'or de 20 fr., de 10 fr. et de 5 fr., invitent les passants à échanger leurs billets. Ils ne paraissent pas redouter beaucoup les voleurs, car ils quittent fréquemment leurs tables pour causer entre eux.

Le soir, des nuées de petits marchands de journaux parcourent les rues, vous assourdissant de leurs cris : « *Demandez le Supplément de la Gazette du Languedoc*, » poussés avec un accent méridional des plus prononcés. Il existe aussi des kiosques pour la vente des journaux.

Une chose qui surprend les étrangers qui visitent la ville, c'est de voir de fort jolies femmes faire le métier de manœuvres et servir les maçons, roulant la brouette, gâchant le mortier.

Les habitants sont loin d'être aussi patriotes que les journaux nous le disaient. Qui de nous ne se rappelle une phrase qui fit beaucoup de bruit alors : *le Midi se soulève!* Quand nous sommes arrivés à Toulouse, les mobilisés n'étaient pas encore appelés, et chaque jour, pendant nos exercices, des petits-crevés et des gandins, le lorgnon à l'œil, venaient rire de notre gaucherie.

Quelque temps après, quand le préfet Duportal voulut les réunir à leur tour, un grand nombre d'entre eux émigrèrent en Espagne, et des piquets de gardes nationaux en armes étaient obligés d'aller à domicile pour faire partir les réfractaires.

L'esprit d'une partie de la population était plutôt hostile que dévoué au Gouvernement de la Défense nationale; souvent, dans les rangs, nous étions obsédés par les discours de certains individus qui nous reprochaient notre patriotisme, poussant la sottise jusqu'à dire que si nous avions quitté nos foyers, c'était parce que nous n'avions plus de pain à manger. Le général Demay, par un ordre du jour, défendit aux soldats de causer avec les civils pendant les exercices.

Il y avait à cette époque, à Toulouse, une compagnie de *Pupilles de la République*, jeunes gens d'une quinzaine d'années, aux uniformes brillants, qui, chaque dimanche, faisaient parade sur l'allée Saint-Michel : les habitants étaient fiers de les voir.

Lorsque nous leur disions qu'il en faudrait beaucoup comme eux pour chasser les Prussiens, ils répondaient, en nous montrant avec orgueil la colonne commémorative de 1814 :

— Qu'ils viennent, ils seront bien reçus.

Ainsi, les Toulousains étaient prêts à défendre le territoire, mais il fallait pour cela que l'ennemi vint à Toulouse.

Loin de moi l'intention de dire que tous les habitants avaient le même esprit, non, certes, car il y en avait de très-patriotes, mais presque tous, en général, ont la nature enthousiaste, exaltée des Méridionaux. Ils gesticulent, parlent de casser tout, et, en définitive, ne faisant jamais rien. On peut dire d'eux : beaucoup de langue, mais pas d'actes.

VIII.

Le 20 décembre, on était en liesse à l'Ecole de Dressage, et s'il n'y a pas eu d'illuminations, c'est par prudence, à cause des matières inflammables qui nous environnaient. Ce jour-là, nous avions reçu la visite d'un de nos compatriotes, M. Debray, venu exprès de Provins pour nous apporter des nouvelles de nos parents et de nos amis.

Les nombreuses marques de sympathie qui lui furent prodiguées durent lui prouver combien nous étions sensibles à sa démarche.

Le 22, dans un ordré du jour, le major porta à la connaissance de la légion que, par décïsion du Gouvernement de la Défense nationale, en date du 17 décembre, les mobilisés de Seine-et-Marne, actuellement à Toulouse, formaient le 2e régiment de marche de ce département et étaient placés sous les ordres de M. de Jouvencel, ancien député, nommé colonel.

Par suite de cette nouvelle organisation, le canton de Provins forma la 1re compagnie du 2e bataillon.

Quelques jours après, on nous fit quitter l'Ecole de Dressage pour nous caserner dans les combles du Grand-Séminaire, rue du Taur ; là, nous étions mieux, nous ne couchions plus sur la terre humide et nous avions de la paille en quantité suffisante. Mais une si grande agglomération de monde dans un endroit peu aéré devait nous être nuisible. Bientôt un ennemi terrible, contre lequel nous ne pouvions rien, la *petite vérole*, s'abattit sur nous, et chaque matin nous avions la douleur de voir porter à l'hôpital quelques-uns de nos camarades ; en moins de huit jours notre compagnie comptait vingt-neuf malades.

Afin d'éviter un trop grand encombrement, à mesure qu'ils entraient en convalescence, les malades étaient dirigés sur des villes voisines. Un jour, je fus désigné pour en conduire une vingtaine à Carcassonne. J'avais tant de fois entendu vanter les agréments de ce voyage, que je ne pouvais cacher ma joie; mais le matin du jour où devait avoir lieu le départ, arriva un contre-ordre qui enjoignait de les diriger sur Bagnères-de-Luchon; c'est ce qui me fait dire aujourd'hui :

J'ai visité dans le Midi
Agen, Villefranche, Alzonne,
Ségala, Castelnaudary,
Mais... je n'ai pas vu Carcassonne.

Le soir de notre installation au Séminaire, vers onze heures, les notes stridentes du clairon qui sonnait la générale vinrent nous éveiller : un incendie considérable venait d'éclater sur les quais. A notre arrivée, les importantes usines des Moulins de Bazacle, ainsi qu'une fabrique de papier y attenant, étaient en flammes. La température était si basse que l'eau gelait dans les pompes. Malgré tous les efforts, on n'arrivait à rien ; on dut se borner à prendre des mesures pour préserver l'Arsenal qui se trouve près de là.

Dans cette malheureuse circonstance, nous pûmes remarquer l'empressement des Toulousains à.... rester chez eux.

La perte occasionnée par ce sinistre s'éleva à plusieurs millions de francs ; en outre, on eut à déplorer la mort de deux artilleurs et d'un chasseur à pied. Ces malheureux, esclaves de la discipline, avaient été commandés pour entrer dans la fournaise, afin de tâcher d'en sauver les livres de commerce : ils furent écrasés par l'effondrement d'un plancher.

Leurs obsèques eurent lieu le lendemain. Le convoi du chasseur à pied était suivi par une foule considérable ; ancien soldat d'Afrique, après son congé il était entré dans les ordres ; lors de l'envahissement de la patrie, il avait jeté le froc aux orties pour reprendre le fusil ; sa mort, arrivée dans une semblable circonstance, causa d'unanimes regrets parmi ses camarades. Son cercueil était porté par deux Pères Jésuites de l'Ordre auquel il appartenait et par deux chasseurs à pied.

Les travaux d'installation du camp étaient poussés rapidement, chaque jour notre bataillon fournissait des escouades de travailleurs et des piquets en armes, sous la conduite de sergents, pour le service des postes. Il faisait froid à coucher dehors, combien d'entre nous attrapèrent des rhumes qui, faute de soins, dégénéraient en pleurésie ou en fluxion de poitrine, aussi le nombre des malades augmentait rapidement. Des personnes charitables organisaient des ambulances dans leur domicile et venaient dans les casernes chercher ceux qui souffraient pour les soigner.

M. Caussé, conseiller à la Cour d'appel, avait demandé à M. Manheimer, notre capitaine, six hommes et un sergent pour les loger chez lui, j'eus la chance d'être désigné pour y aller. Pendant quinze jours, ce Monsieur, sa famille et tous leurs serviteurs n'ont cessé de nous prodiguer les meilleurs soins : bon feu, bonne table et bon lit ; pour des soldats, nous étions vraiment trop gâtés. J'en remercie ici avec effusion toutes ces excellentes personnes.

Les dépêches du théâtre de la guerre devenaient de plus en plus mauvaises : les Allemands étendaient toujours le cercle de leur envahissement. L'administration militaire se hâtait de compléter notre équipement en vue des éventualités. On nous distribua des capotes en flanelle ; à coup sûr, elles n'avaient pas été taillées chez Dusautoy. J'ai toujours entendu dire que pour faire les capotes de l'armée on prenait la mesure sur une guérite, je suis bien près de le croire, en me souvenant de l'effet que nous faisions avec ce nouveau vêtement ; celui qui aurait été frappé d'apoplexie n'aurait pas pu invoquer, comme circonstance atténuante, que c'était son col qui le serrait trop. Et la couleur !.... des robes de chambre d'infirmerie ou bien encore les Wurtembergeois.

Plus tard, aux environs d'Issoudun, dans nos promenades militaires, j'avais toujours peur quand nous passions à portée des bois d'être attaqués par les francs-tireurs: il y avait vraiment à s'y méprendre. Malgré tout cela, c'est encore le vêtement le plus commode et le plus chaud que nous ayons eu.

Dans les premiers jours de janvier 1871, on afficha les dépêches qui annonçaient le bombardement de Paris et la retraite de Chanzy sur le Mans; elles produisirent un grand effet sur nous. Presque tous nous connaissions Paris et ses environs, nous ne pouvions croire que des points qu'ils occupaient, les Prussiens parviennent à lancer des obus sur la ville sans avoir pris des forts. Les dépêches étaient si peu explicites, que malgré leur caractère officiel nous doutions encore.

A côté de cette affiche qui disait que les bombes tombaient sur le Panthéon, le Val-de-Grâce, l'hospice de la Pitié, où des malades avaient été tués dans leurs lits, s'étalait sans pudeur l'annonce d'un grand spectacle pour le soir même au théâtre du Capitole, où chaque jour, pendant que les habitants des pays envahis faisaient tous leurs efforts pour tenir tête à un ennemi vainqueur et arrogant, les Toulousains allaient applaudir le chanteur Capoul, leur compatriote. Triste rapprochement des choses humaines : là-bas, l'incendie, la ruine, la désolation; ici, la joie, l'aisance, le plaisir.

Ainsi que nous nous y attendions, dans la même journée, l'ordre de notre départ arriva : nous allions à Châteauroux faire partie du 25e corps de l'armée de la Loire.

Aussitôt la dépêche reçue, on nous envoya au Musée pour échanger nos fusils à piston contre des carabines américaines se chargeant par la culasse, et recevoir des cartouchières et des ceinturons. Malgré toute la célérité possible, cette opération dura jusqu'au soir.

Pendant ce temps-là, le général Demay avait réuni nos officiers au grand quartier général et leur donnait ses dernières instructions.

Le lendemain matin, on nous fit prendre à chacun pour trois jours de vivres, puis après la revue du paquetage des sacs, on nous laissa aller en ville en nous prévenant que le départ aurait lieu à midi.

A l'heure dite, les bataillons étaient réunis à la gare. Toutes les langues dépassaient l'alignement : on voyait bien que les moblots, en allant dire adieu aux gentils minois qui garnissent les comptoirs de l'établissement du *Tombeau*, n'avaient pas oublié le coup de l'étrier.

Le général et son état-major procédaient en personne à notre embarquement, aidant chacun à se caser de son mieux et nous encourageant à faire vaillamment notre devoir quand l'occasion se présenterait.

A quatre heures, le train s'ébranla. Un immense cri de : *Vive la France!* poussé au moment où nous passions devant la colonne commémorative de la bataille de 1814, fut notre dernier adieu à la ville de Toulouse.

IX.

Nous étions arrêtés à Montauban à l'heure de la retraite des troupes de la garnison; par les portières des wagons nous apercevions des trompettes de hussards qui passaient sur les remparts.

A Agen, il y eut un arrêt de quatre heures, pendant lequel les versions les plus contradictoires circulaient d'un bout à l'autre du train. Selon les uns, nous n'allions plus à l'armée de la Loire, on nous dirigeait sur Bordeaux où nous devions faire le service d'honneur près des Membres du Gouvernement; selon d'autres, nous allions reprendre la ligne de Cette, afin de nous embarquer pour l'Algérie où une insurrection venait d'éclater. Un employé m'apprit qu'un accident arrivé sur la voie quelques heures auparavant était le véritable motif de ce long arrêt.

Je profitai de ce renseignement pour aller avec quelques camarades faire une promenade dans la ville.

Vu par une belle nuit d'hiver, le chef-lieu du département du Lot-et-Garonne me parut assez pittoresque. Un magnifique pont-aqueduc traverse la Garonne qui est bordée par de grandes et belles promenades. Une église taillée dans le roc est située au pied de la partie haute de la ville; les rues sont droites, les maisons bien alignées.

Il était près de minuit quand nous revînmes à la gare : l'état-major du régiment, qui était aussi allé en ville, n'était pas encore de retour. Les malheureux moblots qui avaient eu la mauvaise chance d'être embarqués dans des wagons découverts, avaient les moustaches et les cheveux blancs de givre, ils grelottaient et se plaignaient amèrement du froid. Enfin, vers une heure, le clairon sonna le départ : le train se mit en marche.

Avec le jour commença le tracas des employés du chemin de fer; à peine une station est-elle signalée, qu'avant que le train ne soit arrêté, un grand nombre de moblots sautent à terre, escaladent les clôtures et courent faire emplir leurs bidons dans les restaurants qui abondent dans chaque pays à l'entour des gares. Au moment du départ, le clairon a beau sonner, nul n'entend le signal et ne veut l'entendre; le train s'ébranle, il part, alors seulement chacun reprend sa place et lance un bruyant adieu aux curieux ébahis accourus sur les quais pour nous voir passer.

A force de se rafraîchir, un grand nombre de têtes finirent par s'échauffer ; alors commencèrent des exercices de voltige et de gymnastique vraiment dangereux : des enragés sortaient par les fenêtres et grimpaient sur la toiture des wagons, où ils exécutaient des danses les plus échevelées, puis ils descendaient se poser un pied sur chaque tampon ; une fois là, ils ne pouvaient plus bouger et étaient forcés d'attendre un arrêt du train pour quitter cette position.

J'entendis le chef de train, dans un buffet, dire à des voyageurs qu'il préférerait cent fois conduire un convoi de bestiaux que les moblots de Seine-et-Marne.

A dix heures, on s'arrêta à Périgueux ; je vis les officiers quitter la gare pour se diriger vers la ville, j'en fis autant, pensant bien que le train ne partirait pas sans eux.

La première chose qui frappa mes yeux, ce fut un grand tableau accroché à la façade d'une maison et portant en grosses lettres : *Fabrique de Biscuits de Reims*. Et moi qui avais la naïveté de croire que la cité où l'on sacrait les rois avait seule le privilége de la fabrication de ce produit. Encore une de mes illusions qui s'envolait.

La capitale de la Dordogne ne brille pas par son pavage. Les rues sont assez larges, l'avenue de Tourny est très-belle, la statue du maréchal Bugeaud s'élève sur la place principale. On y voit beaucoup de ruines antiques, des restes d'aqueducs, quelques arcades d'un grand amphithéâtre et l'église de Saint-Front, surmontée de son dôme entouré de quatre autres plus petits, d'un style oriental qui lui donne l'aspect d'une mosquée.

Dans l'après-midi, les employés avaient trouvé un moyen pour nous empêcher de descendre aux stations ; le train s'arrêtait à un kilomètre avant d'y arriver, la machine se détachait et allait faire de l'eau, puis elle revenait nous prendre et nous passions à toute vapeur devant les gares ; une fois éloigné, le train ralentissait. Nous avancions avec une lenteur telle qu'une tortue aurait pu facilement nous suivre, faisant de longs arrêts et marchant peu quand nous étions en route.

A cinq heures du soir, on signala Limoges. Le train n'était pas en gare que déjà nous étions presque tous à terre, nous ruant comme une nuée de sauterelles vers la porte qui était gardée par un cuirassier qui nous en refusa le passage. Il exécutait sa consigne à la lettre : on lui avait dit de ne pas nous laisser sortir par la porte, mais on ne lui avait pas parlé des grilles de clôture qui sont à côté ; en moins de cinq minutes, plus de deux cents moblots les avaient franchies et s'étaient répandus chez les marchands de comestibles, afin de ravitailler les différents wagons où l'on en manquait totalement.

A Limoges, les voies de garage étaient encombrées de locomotives et de wagons refoulés là par l'invasion et qui pourrissaient inoccupés; on eut bien mieux fait de les employer à notre transport plutôt que de nous entasser dans des wagons à bestiaux où nous étions littéralement gelés.

Pendant que nous étions en gare, un train transportant des chasseurs d'Afrique et des tirailleurs algériens s'arrêta près du nôtre; débarqués la veille à Marseille, ils se plaignaient tous du changement de température. Le lieu de leur destination était aussi Châteauroux.

Nous arrivâmes à Châteauroux à onze heures du soir. Il y avait là une douzaine de trains accumulés sur toutes les voies. Les commandants étaient descendus et demandaient aux officiers d'état-major qui les recevaient, les lieux sur lesquels on devait se diriger : ils n'en savaient rien. L'arrivée de tant de monde les troublait, ils ne savaient où donner de la tête; il fallait que nous attendions qu'on aille le demander au général.

Pendant ce temps-là, je courus en ville jusque sur la place où se trouve la statue du général Bertrand. Les cafés étaient encore ouverts et regorgeaient de monde ; j'entrai prendre quelque chose pour me réchauffer, puis je revins à la gare par un autre chemin que celui que j'avais pris en allant. Je passai au pied d'un vieux château flanqué de hautes tourelles, qui se détachait en masse sombre sur la terre couverte de neige.

Quand je remontai dans mon wagon, la plupart de mes compagnons, vaincus par la fatigue, s'étaient endormis, je repris ma place sans les déranger.

Bientôt la réponse du général arriva. Afin d'éviter un trop grand rassemblement de troupes à Châteauroux, et comme nous étions pourvus d'armes excellentes et que nous avions avec nous des munitions en quantité considérable, on nous envoyait prendre cantonnement à Issoudun, à quinze kilomètres des avant-postes français établis à Reuilly.

On se remit en marche ; blotti dans mon coin, je commençais à réfléchir à notre nouvelle position, quand mon camarade Pichard me dit en me secouant :

— Eh bien ! papa Merluchon, vous ne dites rien !... Vous voilà morne et filandreux comme un vieux navet ; nous y allons pourtant, cette fois, voir les Prussiens. Vous voyez que j'avais raison, à Clermont, en vous disant que tout vient à point à qui sait attendre.

Je ne disais rien, en effet, j'étais même ému d'une crainte assez vive : nous allions probablement nous battre, et je me demandais qu'elle serait ma conduite. J'avais bien vu, à l'affaire de Bois-Bourdin, tirailler quelques hommes isolés, mais cela ne ressemblait guère à des obus qui éclatent et à des cavaliers qui chargent, pourtant il me semblait que je tiendrais bon, mais je n'étais sûr de rien.

Il était quatre heures du matin quand le train s'arrêta à Issoudun. Le froid était si grand qu'on résolut de nous faire attendre le jour dans les wagons; nous en descendîmes à six heures : nous étions engourdis par un si long trajet. Partis de Toulouse le vendredi, nous arrivions à Issoudun le dimanche, après quarante heures de route.

Un brouillard intense nous dérobait complètement la vue de la ville; nous étions sur la voie, enfonçant jusqu'aux genoux dans la neige. Les capitaines distribuèrent aux sergents des billets de logement pour les hommes de leur section. La température était si rude que pendant le temps que je mis à faire la répartition des miens, j'eus trois doigts de la main gauche gelés sur le canon de ma carabine.

Lorsque toutes les distributions furent terminées, je sortis de la gare pour chercher mon gîte; toutes les habitations étaient encore fermées. Au premier coup d'œil il me semblait que j'étais à Provins, dans la rue Saint-Jean ; des petites maisons basses, des enclos, des cours, avec des charrues et des voitures : cela sentait la campagne.

J'arrivai enfin à mon logement : j'étais tombé dans une bonne famille de vignerons ; le mari, ancien militaire, savait ce que c'était que le soldat, il m'aida à me débarrasser de mon sac et de mes armes, puis il alluma un bon feu avec du sarment pour me réchauffer.

Le lendemain, à sept heures, le clairon sonna l'*assemblée;* on nous fit faire une grande promenade militaire, sorte de reconnaissance, sur la route de Bourges. Au retour, on nous distribua à chacun trois boîtes de cartouches, en même temps, on commanda des postes et des patrouilles.

Pour les débuts, *j'écopais* la garde de la gare du chemin de fer. Vers le milieu de la nuit, je fis une ronde pour m'assurer si les factionnaires placés le long de la ligne étaient à leur poste et faisaient bien leur service, je m'avançai près de l'un d'eux qui sommeillait, appuyé sur sa carabine.

— Malheureux ! pourquoi m'as-tu laissé approcher sans crier : Qui vive ?...

— Oh ! mon sergent, je vous avais bien reconnu, me répondit-il de l'air le plus tranquille.

Du reste, les trois quarts d'entre nous n'avaient de militaire que le costume ; l'expérience nous faisait défaut, mais non le courage et la bonne volonté.

Pendant la nuit dont je parle, j'ai eu fort à faire pour empêcher plusieurs factionnaires de tirer sur les troncs d'arbres et les taillis qui garnissaient la plaine ; je crois que si le dôme de Saint-Quiriace eut été à l'horizon, ils l'auraient pris pour un casque : ils voyaient des Prussiens partout.

Notre crainte était encore éveillée par le récit des gens chez qui nous étions logés, qui parlaient d'enlèvement de sentinelles par les uhlans qui venaient, disaient-ils, de Vierzon toutes les nuits pousser des reconnaissances jusqu'aux environs d'Issoudun.

Ceux-là seuls qui, après plusieurs nuits d'insomnie, en ont passé une en faction, savent l'effet que produit dans l'imagination tous les objets qui vous entourent ; les arbres et les buissons prennent des formes humaines, il vous semble toujours les voir s'agiter, s'avancer, et pour peu que vous soyez d'une nature impressionnable, la peur ne tarde pas à s'emparer de vous.

Enfin le jour arriva et vint dissiper toutes ces folles craintes. Le chef de gare nous assura qu'il n'y avait pas le moindre danger, les Prussiens avaient évacué Vierzon le jour de notre arrivée à Issoudun.

A midi, on releva le poste; je me hâtai de gagner mon logement, où mon premier soin fut de me débarbouiller, exercice auquel je ne m'étais pas livré depuis cinq jours. Comme je finissais, Lemaire, le sergent-fourrier, vint me chercher pour déjeûner. Il m'emmena dans un petit restaurant près la place du Marché; nous mangeâmes avec un appétit qui dut faire croire à la maîtresse de la maison que nous étions venus de Toulouse à pied dans la matinée.

Le repas terminé, je pris le bras du fourrier, afin d'aller admirer les merveilles d'Issoudun, c'est-à-dire rien. A part l'église du Sacré-Cœur, dont la décoration intérieure passe pour une des plus jolies choses de France, et la grosse tour qui se trouve dans le jardin de la mairie, la ville n'a rien à montrer aux étrangers.

Nous allâmes nous promener sur les bords de la Théols, petite rivière qui traverse la ville : elle n'est guère navigable que pour les canards, les oies y ont pied presque partout.

Nous rentrâmes, le soir, brisés par une demi-journée de piétinage. Mon lit qui consistait en un matelas étendu par terre, me faisait venir le baillement à la bouche. La retraite était sonnée, je n'étais pas de patrouille, il ne me restait qu'une chose à faire, me coucher, c'est ce que je fis.

Les jours suivants, arrivèrent successivement pour prendre cantonnement comme nous à Issoudun des bataillons de mobilisés du Gers, du Gard, de l'Aube, des Pyrénées-Orientales, un escadron de chasseurs à cheval. Il y avait, en outre, à quelques kilomètres en avant, des régiments de ligne, des bataillons de chasseurs à pied, des mobiles, des francs-tireurs et cinq batteries d'artillerie.

Nous formions les premières brigades de réserve des troupes échelonnées de Reuilly à Vierzon et qui composaient les 25ᵉ et 26ᵉ corps d'armée, sous le commandement des généraux de division Pourcet et Billot, dont les quartiers-généraux étaient établis à Châteauroux et à Bourges.

A peine installés, l'intendant général nous passa en revue ; tous les hommes réclamèrent des pantalons : c'était le seul vêtement que nous n'eussions pas encore reçu.

A cette revue, un incident comique égaya la tête du 1ᵉʳ bataillon : l'intendant s'arrêta devant le médecin-major, homme d'un savoir et d'un mérite incontestables, pour lui demander s'il était *vétérinaire*. Cette question était provoquée parce qu'au lieu d'être en or, comme le sont ordinairement celles des médecins, les palmes qui ornaient le col et les parements de son habit étaient en argent.

X.

Vers la fin de janvier, un matin, le bruit se répandit que nous allions marcher en avant. Plusieurs brigades des troupes cantonnées à Reuilly avaient reçu l'ordre de se porter du côté de Romorantin ; le 29, elles livrèrent la dernière bataille de l'armée de la Loire, près de Blois.

Le 30, nous apprenions qu'un armistice de quinze jours était conclu et que nous devions rester à Issoudun. Malgré tout ce que l'on fit pour nous le cacher, cet armistice ne trompa personne, nous devinâmes tous que Paris avait capitulé.

Il ne faut pas croire que pendant ce temps nous sommes restés inactifs, au contraire, chaque matin le régiment exécutait de grandes marches, nous avions tout le campement sur le dos, et dans l'après-midi nous allions tirer à la cible ou bien faire de grandes manœuvres dans les plaines et sur les routes.

C'est vers cette époque que notre colonel, M. de Jouvencel, qui depuis sa descente de ballon était resté malade à Clermont-Ferrant, arriva à Issoudun.

Un fait auquel il était complétement étranger et qui lui fit beaucoup de tort quelques jours après, lors des élections, coïncida avec son arrivée. Je veux parler de la diminution de la solde pour les hommes et de l'augmentation de celle des officiers.

Depuis quelque temps déjà nous touchions, par jour, 70 centimes et 750 grammes de pain; on nous réduisait à 58 centimes, seulement on nous donnait en sus du pain, 30 grammes de sucre, 16 grammes de café et du bois.

Les distributions avaient lieu très-irrégulièrement, tantôt nous avions du café, tantôt nous n'en avions pas; bref, par suite des prix de la viande et des denrées, il était très-difficile de vivre. On commença à murmurer, et quand on murmure dans un régiment cela va vite. C'est dans ces circonstances que les officiers supérieurs devraient se mêler aux soldats, ils en apprendraient plus en une heure que par tous les rapports des capitaines adjudants-majors.

Un matin, à l'exercice, au commandement de : Portez vos armes, toutes les compagnies formèrent les faisceaux et déclarèrent ne plus vouloir manœuvrer avant que l'ancienne solde ne fut rétablie. Cela allait mal, les officiers ne purent rien obtenir, l'exercice n'eut pas lieu.

Cette scène se passait le 2 février, jour de la Chandeleur, qui est aussi jour de foire à Issoudun.

Des moblots achetèrent un âne, ils l'ornèrent avec des guirlandes de papier et lui attachèrent dans le cou un grand écriteau portant ces mots : *Nourriture des Mobilisés*, puis, à l'imitation du bœuf-gras, ils le promenèrent solennellement avec tambours et clairons par toute la ville.

Un poète d'occasion avait parodié *la Famine*, de Pierre Dupont, et une troupe nombreuse de moblots, se tenant par le bras, suivaient derrière en chantant :

On n'arrête pas le murmure
Des moblots quand ils ont faim,
Car c'est un cri de la nature :
Du pain !... du pain !...

Cette scène dura jusqu'au soir ; le lendemain matin, les hommes refusèrent de recevoir la solde de la veille et ne voulurent point encore manœuvrer. A l'exercice de l'après-midi, les officiers annoncèrent que des mesures allaient être prises contre les mutins, cela ne produisit aucun effet. Des groupes parlaient de se mettre en route pour aller rejoindre Garibaldi du côté de Dijon.

A la force, comme on dit, la faim fait sortir le loup du bois ; ceux qui étaient complétement dénués de ressources acceptèrent la nouvelle solde, les autres tinrent bon encore jusqu'au quatrième jour.

Le général, averti de cette mutinerie, envoya plusieurs brigades de gendarmes pour rétablir l'ordre ; le cinquième jour, à l'exercice du matin, ils vinrent au milieu de nos rangs, chargèrent leurs armes et procédèrent à l'arrestation des principaux meneurs; tout rentra bientôt dans l'ordre habituel.

Dans les premiers jours de février, la température s'adoucit sensiblement et le soleil brilla d'un vif éclat; notre colonel en profita pour publier un ordre qui fut préjudiciable à tous les moblots en général et à moi en particulier : c'était de ne plus paraître en capote passé midi.

A force de coucher par terre, le fond de mon indispensable était pas mal avancé; un jour qu'en faisant l'escrime à la baïonnette je m'étais fendu un peu trop, il y avait eu séparation complète des deux jambières. Malgré tout le soin que j'apportais à la réparation, je n'étais jamais parvenu à boucher entièrement les trous produits par l'usure, et l'exiguité de ma vareuse laissait apercevoir ce qu'il aurait fallu cacher.

Un jour, à la manœuvre, sur la route de Bourges, la pause était sonnée, les armes étaient en faisceaux, chacun allait et venait en attendant le moment de reprendre l'exercice. Avec un camarade, nous étions arrêtés en face de la grille du parc de l'amiral Duquesne au moment où plusieurs dames en sortaient; tout-à-coup j'entendis une d'elles qui m'appelait :

— Sergent! Sergent! voulez-vous, s'il vous plaît, nous faire voir le mécanisme de vos carabines?

Au premier mot, je portai la main droite à la visière de mon képi, tandis que la gauche acomplissait vivement un mouvement tournant à l'effet de faire rejoindre momentanément les deux côtés de mon pantalon qui avaient divorcé. J'étais bien embarrassé : pour manœuvrer la batterie de ma carabine il me fallait employer les deux mains ; mais ces dames étaient trop occupées à regarder le système ingénieux qu'elles admiraient, pour s'apercevoir de mon trouble. Enfin, le clairon qui sonnait la reprise vint terminer la séance à ma grande satisfaction.

Le 8 février, les élections pour l'Assemblée nationale eurent lieu ; cela se passe ici comme à Provins et comme partout ailleurs, la seule différence qu'on puisse signaler, et elle n'est pas de médiocre importance, c'est qu'à Issoudun, devant la mairie, le factionnaire est un garde national qui se promène de long en large, tandis qu'à Provins c'est un pompier qui se promène de large en long.

Le vote pour les députés de Seine-et-Marne se fit à l'école des filles ; mais nous ne connaissions pas exactement les noms de tous les candidats qui se présentaient, une dépêche envoyée à Melun à ce sujet resta sans réponse. On nous distribua des listes imprimées, sur lesquelles le nom de M. de Jouvencel se trouvait le premier ; malgré cela, il fut loin d'obtenir la majorité. Comme je l'ai déjà dit, les hommes lui attribuaient le fait de la réduction de la solde.

Le lendemain des élections, on nous distribua des pantalons noirs; ils étaient d'une qualité si mauvaise que huit jours plus tard il n'en restait plus rien : on fut obligé de nous en donner d'autres; cette fois, ils étaient en gros drap gris de fer avec une large bande rouge : la qualité était bonne.

Le mardi-gras, sur la place de la Croix-de-Pierre, il y eut grande revue du colonel, c'était la première fois qu'il paraissait dans nos rangs. M. Paul de Jouvencel, ancien député de Seine-et-Marne, est un homme de quarante-cinq à cinquante ans, trapu de taille, ayant les cheveux et la barbe noirs. Dès les débuts de l'invasion, il forma dans Paris, où il fut bloqué, un corps de volontaires (les *Chasseurs de Neuilly*) qui se distingua en plusieurs circonstances.

Vers les derniers jours d'octobre, il fut chargé d'une mission pour les Membres du Gouvernement qui étaient à Tours, il quitta Paris dans le ballon *le Garibaldi*, atteint par des projectiles ennemis à plus de 2,000 mètres, il tomba entre Lagny et Meaux, au milieu des lignes prussiennes. M. de Jouvencel parvint à s'évader, il gagna Sens et, de là, Tours.

Le Gouvernement de la Défense nationale le mit à notre tête; sa conduite était celle d'un homme courageux et d'un homme de cœur et, sous ses ordres, notre légion ne doutait pas de faire honorablement son devoir.

A cette revue, il portait un spencer noir, orné de brandebourgs et de soutaches de même couleur, une casquette galonnée d'or et de grandes bottes mousquetaires, à jarretières, en cuir fauve, costume luxueux qui contrastait beaucoup avec nos capotes salies et à moitié usées.

Il tança sévèrement les chefs de compagnies qui, dans leurs rapports, lui signalaient nos effets d'équipement comme étant de bonne qualité, tandis qu'ils ne valaient rien du tout.

La journée était magnifique, quelques heures avant la revue, Pichard me proposa de faire une promenade sur la route de Bourges. Le vigneron chez qui nous étions logés mit son âne à notre disposition, en nous disant qu'il était doux comme un agneau et qu'il n'y avait pas le moindre danger à redouter avec lui; je l'enfourchai, et nous partîmes chez un voisin afin d'en trouver un second pour Pichard. Tout paraissait devoir se passer le plus agréablement possible: le bourricot trottinait à plaisir. Je dois avouer qu'en fait d'équitation, c'était mes débuts; Pichard m'affirmait que ma prestance n'était pas celle d'un cavalier, j'écartais trop les jarrets, je me tenais, disait-il, comme une paire de pincettes. Voulant profiter de la leçon, je serrai un peu les genoux, ce qui ne faisait plus l'affaire du manon, qui partit au galop en levant le derrière ; en deux mouvements j'étais descendu sur le cou, je n'avais eu que le temps de me rattrapper après ses oreilles. J'étais en train de regarder de quel côté je devais tomber, quand, s'arrêtant brusquement dans sa course, il me déchargea au beau milieu d'un trou d'eau. Cette petite scène excita l'hilarité de Pichard et des voisins du quartier qui étaient sortis sur leurs portes pour nous voir partir. Heureusement, je ne me fis aucun mal, mais j'étais couvert de boue, et la revue avait lieu à deux heures. Je me mis au soleil pour me sécher, en maugréant contre les ânes et jurant, mais un peu tard, qu'on ne m'y prendrait plus.

Le soir de cette revue, mon tour arriva de prendre la garde de la salle de police. Dire tous les tracas que j'ai éprouvés avec les quatorze pensionnaires qu'elle renfermait, est une chose presque impossible. Quelques jours auparavant, ils avaient fait sauter la serrure, la porte ne fermait plus qu'à l'aide d'une ficelle qu'on enroulait autour d'un clou piqué dans le mur, extérieurement ; vingt fois pendant la nuit le factionnaire était obligé de croiser la baïonnette et d'appeler le poste pour les empêcher de se sauver et rétablir le silence.

A une visite que je fis dans la journée, à l'intérieur, je les trouvai presque tous ivres, chantant et dansant comme des enragés ; pourtant aucun d'eux n'était sorti et personne n'était entré vers eux. A force de recherches, je finis par découvrir le moyen qu'ils employaient pour introduire du vin dans leur prison. A l'aide d'une vieille baïonnette trouvée dans un coin, ils avaient percé dans la muraille un trou qui allait en montant et qui correspondait dans la rue, ils y avaient introduit un roseau qui servait de conduit. Postés à la grille qui fermait la fenêtre, ils attendaient qu'un moblot de leur connaissance vint à passer dans la rue, ils l'appelaient, lui donnaient de l'argent pour faire emplir son bidon qu'il venait ensuite vider le long du mur dans le roseau ; une cloche de jardin, ébréchée, qu'ils avaient cachée sous le lit de camp, servait de récipient à l'intérieur. Le manque de quarts ou de verres n'était pas une question pour eux : à tour de rôle ils buvaient à même la cloche ; l'un d'eux la tenait et comptait les gorgées que chacun avalait ; quand le nombre voulu était arrivé, il relevait le bras et retirait la cloche. Ils appelaient cela boire au système Champenois, du nom de l'inventeur.

A la suite de cette nuit d'insomnie, j'éprouvai des frissons, la fièvre me travaillait. Le docteur de notre bataillon avait obtenu une permission de quelques jours, j'hésitais à aller voir le médecin principal. Depuis que l'intendant l'avait pris pour un vétérinaire, les mauvaises langues du régiment prétendaient qu'il n'avait qu'un seul remède, le *séton*, et qu'avec cette panacée il guérissait tout, depuis les pieds gelés jusqu'aux fluxions de poitrine; je n'avais qu'une médiocre confiance en ce traitement.

Malgré la cessation des hostilités, nous ne recevions toujours pas de nouvelles de Provins; un matin pourtant le bruit circula parmi nous que les Prussiens avaient emmenés les conseillers municipaux en otages et que la ville était frappée d'une forte contribution en argent; là se bornaient tous les renseignements, aussi étions-nous bien inquiets.

Pendant notre séjour à Issoudun, quand j'étais de semaine, le service m'appelait très-souvent dans les ambulances. Mon cœur se serre encore aujourd'hui au souvenir de ces longues rangées de malheureux que la souffrance clouait sur leurs lits; on avait hâte de se soustraire à ce tableau qui vous tirait les larmes. Lorsque vous quittiez les salles, des camarades tendaient vers vous leurs mains amaigries et ne quittaient les vôtres qu'après vous avoir fait promettre de revenir les visiter.

Je n'oublierai pas de mentionner le charitable dévouement de M. le docteur Moulin qui, aidé de quelques Sœurs de Charité, dans le château de Mme Duquesne, transformé en un vaste hôpital, se multipliait jour et nuit, sans relâche, sans faiblesse, pour apporter quelques soulagements à toutes les souffrances qui l'entouraient; son inépuisable patience était toujours au service de tous, et sa bonté réconfortait et servait d'exemple à tout son personnel.

Nous étions toujours chez les habitants, cela ne cessait pas d'être une grande charge pour eux, car depuis le mois d'octobre, époque de la formation de la première armée de la Loire, ils logeaient constamment des troupes. Il s'en fallait cependant que la population d'Issoudun nous vit d'un mauvais œil, bien au contraire, par tous les moyens possibles elle cherchait à nous témoigner sa sympathie; la plupart d'entre nous, ces *jenes hoummes si décarcillés*, comme disaient ces braves gens dans leur patois berrichon, étaient admis à la table de la famille.

Enfin, le 23 février, à cinq heures du matin, sous le prétexte de nous habituer aux fatigues des longues marches et pour laisser la place aux troupes cantonnées à Reuilly et en avant de Vierzon, qui se repliaient derrière la ligne de démarcation de la zône neutre, nous quittâmes Issoudun. Après une étape de sept lieues, nous arrivions à Lignères, petit chef-lieu de canton du département du Cher.

Le lendemain matin, à cinq heures, les clairons sonnaient la *diane;* une demi-heure plus tard, nous étions sur la route de La Châtre. A l'exception des officiers supérieurs, personne ne savait au juste où nous allions : on parlait de Limoges et de Clermont ; tout ce que je savais, c'est qu'on nous éloignait encore une fois de l'ennemi. Dans l'après-midi, nous faisions notre entrée à La Châtre, petite ville de 6,000 habitants, qui renferme une église très-ancienne et des maisons en bois sculpté, fort curieuses.

Le 25, dans la soirée, nous arrivâmes à Genouillat, fort bourg du département de la Creuse ; après avoir établi notre campement sur une petite côte d'où l'on jouit d'une vue splendide, chacun fit la *popotte*. Nous passâmes la nuit sur des bottes de foin.

Le lendemain, notre compagnie formait l'arrière-garde de la colonne. Au moment du départ, le maire, un grand sec, si mince et si fluet qu'il eût pu se cacher aisément derrière une asperge, refusa de donner les chevaux et les voitures requis pour le transport des malades et des bagages. Après avoir parlementé fort longtemps avec lui, notre commandant nous donna l'ordre de visiter les écuries et d'amener tous les chevaux sur la place, mais nous n'en trouvâmes aucun : le maire avait crié en patois à ses administrés de leur donner la clé des champs.

Un de nos capitaines, M. Malio, un prisonnier de guerre évadé de Sedan, qui avait compris, le fit arrêter et garder par quatre moblots; le caporal Andry fut chargé de cette mission, il s'en acquitta avec un zèle qui lui vaudra un bon point dans le cas où, plus tard, il postulerait une place de garde-champêtre.

Pendant ce temps-là, les hommes couraient dans les prairies après les chevaux et les ânes; bientôt nous en eûmes plus qu'il n'en fallait. Au moment où les voituriers attelaient, Lebœuf, le sergent-major, arriva avec le cheval du curé qui, lorsqu'on le lui avait demandé, avait affirmé qu'il était à Guéret. Lebœuf l'avait découvert caché dans une vieille masure. De peur que son cheval ne fut employé à tirer une lourde charrette, le curé, un gros boulot, véritable antipode du maire, amena sa calèche qu'il offrit au commandant pour conduire des malades.

Toutes ces allées et venues avaient demandé du temps, les bataillons étaient déjà loin quand nous prîmes la route de Guéret.

L'étape fut longue et fatigante, nous avions beaucoup de côtes à gravir; à trois heures, nous faisions la grande halte au Chêne-Vert, dans un site charmant, sur les bords de la Creuse. De cet endroit, nous apercevions Guéret où nous n'arrivâmes qu'à cinq heures.

Le général commandant la subdivision nous attendait pour nous passer en revue, il nous félicita sur l'ensemble des mouvements et sur le petit nombre de traînards que nous avions, malgré la longueur des étapes et le poids de nos sacs, après quoi on nous distribua du pain pour deux jours.

Quoique la ville possède 8,000 habitants, on ne nous donna pas de billets de logement; de grands appartements après les murs desquels on voyait la trace de punaises écrasées, et dont le sol était garni de paille brisée qui devait renfermer pas mal de ces ennemis intimes, dont la cuirasse la mieux bouclée ne préserve pas les fils de Mars, comme dit Théophile Gautier, furent mis à notre disposition pour la nuit.

La soirée était belle, nous préférâmes aller camper; en moins de vingt minutes nos tentes étaient dressées à la porte de la ville, sur un plateau, près du chemin de fer. Ceux dont les pieds n'étaient pas trop fatigués se répandirent dans les champs environnants, à la maraude des navets et des pommes de terre, pendant que d'autres allaient au bois pour faire du feu : une heure après, toutes les marmites s'alignaient à la file sur des fourches.

Pendant que se faisait la cuisine, j'allai visiter la ville. Bâtie sur le versant d'une côte, entre la Gartrempe et la Creuse, elle est encore entourée de ses vieilles fortifications; les rues sont toutes tortueuses, les maisons assez jolies, et différentes places sont ornées de fontaines dont une entre autres a une forme si singulière qu'on ne m'ôtera pas de l'idée que c'est sur elle que l'inventeur du *clyso-pompe* a pris modèle pour la confection de ses premiers appareils.

Ce qu'il y a de plus remarquable à Guéret, ce sont les schakos des soldats de la remonte, qui y tiennent garnison.

C'était un spectacle nouveau pour les habitants de voir camper des soldats, aussi toute la soirée nous reçûmes des visites; les dames n'étaient pas les dernières à examiner avec quel soin nous disposions nos sacs et nos couvertures pour nous garantir contre le froid de la nuit.

Lorsque le clairon sonna l'extinction des feux, je gagnai ma place sous la tente, entre mes camarades, les sergents Jardinier et Pichard, en rampant sur mes mains et sur mes genoux, et la tête enveloppée dans ma ceinture de flanelle, je m'endormis profondément.

XI.

Le 27, le jour commençait à peine que déjà nous quittions Guéret. Après une étape des plus rudes dans des montagnes dont les pics étaient couverts de neige, quoique depuis longtemps il n'en fut tombé, et sur des chemins qui nous meurtrissaient les pieds, nous arrivâmes à Bénévent-l'Abbaye. Cette petite ville était occupée par les mobilisés de la Creuse, on ne nous y laissa pas arrêter, on nous dirigea sur Marsac; il faisait une chaleur étouffante dans ces montagnes, un quart des hommes de la colonne restèrent en chemin; le commandant, qui était à cheval, nous fit franchir les dix derniers kilomètres sans faire de pause.

Nous n'allâmes pas jusqu'à Marsac, avant d'y arriver on détacha les compagnies dans les petits villages environnants; la nôtre fut désignée pour loger au hameau de Laches. Après une marche très-pénible à travers bois, nous découvrîmes sept maisons adossées contre des rochers énormes : c'était là tout le pays.

Lorsque j'ôtai mon sac, il me sembla que j'étais débarrassé du poids d'une maison, j'étais tellement fatigué que je me laissai tomber sur un tas de feuilles sèches d'où je ne pus me relever qu'avec l'aide des camarades. Les habitants du hameau étaient encore plus pauvres que nous, ils n'avaient que du fromage et du lait à nous vendre, heureusement qu'il nous restait du pain derrière nos sacs, sans cela il nous eut fallu nous coucher sans souper.

En attendant la nuit, je me traînai sur une des terrasses naturelles formées par les rochers qui se trouvent devant les habitations. C'était à l'heure où le soleil se couche, ses rayons mourants éclairaient le sommet du Saint-Gusseau et des montagnes voisines ; je restai en extase devant ce beau spectacle de la nature. Peu à peu le crépuscule envahit la vallée, le vent du soir m'apporta le son lointain de l'*Angelus* qui sonnait à un village voisin et qui me rappela qu'il était temps de gagner ma litière préparée dans une grange.

Il y avait de la paille en quantité suffisante, mais j'étais si rompu de fatigue que je dormis fort mal, il me tardait que le jour arriva ; bientôt une lueur pâle monta le long de la voûte sombre du ciel et tout ce qui m'entourait reprit sa forme distincte.

L'étape de la journée ne devait pas être longue, nous allions à Saint-Sulpice-Laurière, distant de 21 kilomètres seulement de Marsac ; tout le monde se réjouissait d'avance, mais une fois arrivés là, nous retrouvâmes le manque d'organisation qui fut le principal défaut de cette malheureuse campagne. Des légions de la Dordogne et de la Charente occupaient tout le pays et les villages voisins, on nous envoya à la Souterraine.

Après avoir parcouru de nouveau 9 kilomètres, nous trouvâmes ce dernier point encore plus encombré que Saint-Sulpice-Laurière, la route que nous avions suivie était pire, pour le mauvais état, que celle de la veille, le rouleau des ponts-et-chaussées ne s'aventure jamais jusque sur ces hauteurs, les pierres ne sont pas écrasées et, avec le peu d'épaisseur de nos semelles, elles nous entraient dans les pieds.

Nous attendions assis sur nos sacs que l'on décida ce que nous devions faire. Après une heure d'attente, le commandant arriva : il nous fallait faire encore 18 kilomètres pour atteindre Ambazac, dans le département de la Haute-Vienne. Personne ne fut content à l'annonce de cette nouvelle course ; ceux qui ne pouvaient plus marcher furent autorisés à prendre le chemin de fer, puis les clairons sonnèrent la marche du régiment et l'on se remit en route. Il était deux heures après midi, la chaleur était encore plus forte que la veille, la sueur nous inondait le visage ; bientôt les talus des fossés se couvrirent d'hommes fatigués qui ne pouvaient plus suivre la colonne.

Chaque fois qu'on rencontrait des paysans, nous leur demandions quelle était la distance qui nous restait à parcourir, c'était toujours la même réponse : « Encore trois petits kilomètres ! » et au bout des trois petits kilomètres il y en avait encore autant, ce qui faisait dire aux camarades que les Limousins mesurent les distances avec de la laine. Enfin, à six heures du soir, nous arrivions sur la place d'Ambazac : nous avions fait 48 kilomètres dans la journée.

Pour comble de malheur, notre compagnie fut détachée pour aller prendre cantonnement à Brutines, petit hameau situé encore à 2 kilomètres plus loin, sur la route de Limoges : il était huit heures quand nous y arrivâmes.

La faim nous tourmentait et il n'y avait pas de pain, l'administration l'avait expédié à Saint-Sulpice-Laurière où nous devions nous arrêter le matin ; le colonel envoya de suite une dépêche, deux heures après, à l'arrivée du train, nous allions le chercher à la gare du chemin de fer.

A Brutines, des granges et des bergeries furent mises à notre disposition. Je me jetai sur la paille et m'empressai de délacer mes guêtres pour retirer mes chaussures, elles étaient inondées de sang, j'avais les deux talons à vif. La douleur me fit oublier la faim, je m'endormis sans souper. Le lendemain, au réveil, je ne pouvais plus me tenir debout, mes pieds étaient enflés et j'avais les jambes d'une extrême sensibilité.

Ce jour-là, il y eut repos pour tout le monde; dans la soirée, nous dressâmes nos tentes sur un des côtés de la route, dans une pente couverte de châtaigniers séculaires dont les branches se prêtaient à merveille pour suspendre nos armes et nos effets.

Mais à partir du deuxième jour les exercices recommencèrent; des postes furent établis à la gare du chemin de fer et à la mairie, résidence du colonel, et tous les matins les compagnies détachées dans les environs se réunissaient à Ambazac pour faire la manœuvre.

Ce bourg compte environ 280 habitants; il jouit dans le pays limousin d'une réputation assez singulière : on l'appelle *Ambazac, l'académie des ânes.* La seule chose remarquable qui s'y trouve, c'est le bénitier de l'église, dans lequel on pourrait facilement se livrer à l'exercice de la natation.

Le hameau de Brutines, où nous étions campés, est situé sur une montagne et compte 23 habitants dont la majorité ne parle que le patois limousin. Les chevaux et les horloges y sont complètement inconnus; quelques petites vaches, des porcs et des moutons forment tout l'avoir de cette pauvre population.

Là nourriture se compose de pain de sarrasin, de châtaignes et de pommes de terre qu'ils font cuire sous la cendre.

L'intérieur des habitations est misérable, une table, des bancelles et quelques rares ustensiles de cuisine accrochés après les murs, construits en pierre brute, sans crépit, en font tout l'ornement.

Nous attendîmes là, pendant huit jours, que l'Assemblée, choisissant entre la paix ou la guerre, décidât de notre sort.

Le soir, assis en rond autour des feux de bivouacs, nous chantions en chœur : basses-tailles, crecelles ou faussets, toutes les voix tenaient à donner leur note, et tous, après avoir chanté, nous nous endormions plus contents.

Un matin, je reçus une lettre de Provins, dans laquelle on me donnait quelques détails sur la situation de notre pays ; je m'empressai de la communiquer aux camarades qui, de leur côté, en faisaient autant lorsqu'ils en recevaient. C'est avec un vif sentiment de plaisir que nous apprîmes que nos compatriotes, emmenés en otage par les Wurtembergeois, avaient été rendus à la liberté.

Enfin, le 7 mars, notre attente cessa : dans l'après-midi, des officiers qui revenaient de Limoges nous apprirent que les Députés réunis à Bordeaux avaient ratifié les préliminaires de paix.

Quelques heures plus tard, j'étais à la gare du chemin de fer, à Ambazac, lorsqu'arriva un train contenant des prisonniers Prussiens qu'on remontait du côté de Paris ; ils avaient tous des feuilles de houx après leur casquette et chantaient des ballades germaniques ; en passant devant le poste, plusieurs d'entre eux firent des pieds-de-nez au factionnaire.

Le soir, à six heures, pendant que nous étions en train de préparer le café, on vint nous avertir que le départ aurait lieu le lendemain matin, à cinq heures. En ce moment, il commençait à pleuvoir, chacun de nous se hâta de rouler sa tente autour de son sac; on réunit ensuite la paille de tous les campements, et bientôt un immense feu de joie s'éleva vers le ciel. Les autres compagnies, qui étaient campées sur les montagnes environnantes, en firent autant. Nous assistâmes ainsi à un spectacle qui rappelaient les signaux des âges primitifs.

Nous passâmes la nuit dans des granges et sous des hangars, et le lendemain, 8 mars, à dix heures du matin, après une petite étape de quatre lieues et demie, nous arrivions à Limoges. On nous fit déposer nos armes et nos sacs à la Maison centrale, dans les préaux de laquelle de la paille était préparée pour notre coucher. Après la distribution du pain, on nous laissa libres d'aller en ville, notre désarmement ne devant avoir lieu que le lendemain matin à six heures.

Limoges, chef-lieu du département de la Haute-Vienne, est une grande ville manufacturière située à 400 kilomètres de Paris ; sa population est d'environ 55,000 habitants ; les rues sont larges et droites, mais presque toutes elles montent ou descendent ; les quartiers neufs, construits sur l'emplacement de ceux incendiés il y a quelques années, sont magnifiques.

Le théâtre, les cours, le Champ de Juillet, les églises Saint-Etienne, Saint-Michel, un arc-de-triomphe très-ancien et la statue du général Jourdan qui décore la place de ce nom, en font le principal ornement.

Pendant la nuit, la ville a un aspect étrange : par le haut des cheminées des fabriques de porcelaine, qui forment la principale industrie du pays, s'élance une flamme rouge précédée d'un grand panache de fumée : on dirait autant de volcans en éruption.

Comme il était dit, le 9 mars, à six heures du matin, après l'appel, les sergents reçurent l'ordre de se faire remettre par les hommes de leur section, tous les objets de campement, les armes et le fourniment qui leur avaient été confiés. Quelques instants après, comme on trouvait probablement que cela n'allait pas assez vite, on fit jeter le tout pèle-mèle sans rien vérifier. Quel désordre !... et quel malheur de voir cela, quand on pense à toutes les formalités que nous étions obligés de remplir quelques mois auparavant, lorsqu'il s'agissait de toucher un objet quelconque.

Avant de rendre son sac, chacun en avait retiré ses effets; nous étions tous là avec nos petits paquets, attendant ce qu'on allait faire de nous. Le général commandant la subdvision, accompagné du colonel Billet, du 9e cuirassiers, un héros de Reischoffen, qui devait périr quinze jours plus tard en voulant réprimer une émeute, arriva près de nous. Après quelques minutes d'entretien avec nos officiers, on nous annonça qu'en sortant chacun allait être examiné, afin de ne rien laisser emporter; nous passons à la file devant un sergent d'infanterie qui nous toise des pieds à la tête avant de nous laisser aller.

Après la lecture d'un ordre du jour dans lequel on nous rappelait que jusqu'au moment où nous serions licenciés nous restions soumis à toutes les rigueurs des lois militaires, on nous donna un pain de trois livres, la solde de la veille et celle de la journée, puis le rendez-vous fut fixé à quatre heures, au chemin de fer.

Le train qui devait nous emmener était composé en majeure partie de wagons à bestiaux, sans bancs ni paille; nous nous y entassâmes de notre mieux. A sept heures du soir, nous quittions Limoges, entraînés à toute vapeur par deux locomotives.

Nous cheminâmes toute la nuit, le lendemain matin, au jour, nous revîmes successivement tous les lieux que nous avions parcourus un mois auparavant : Châteauroux, Issoudun, Reuilly, Vierzon.

A partir de ce dernier point, nous traversons les champs de bataille de l'armée de la Loire : Salbris, la Motte-Beuvron, la Ferté-Saint-Aubin ; bientôt nous arrivons dans les faubourgs d'Orléans, les murs crénelés et les maisons en ruines attestent que la lutte a été rude. Pour traverser la Loire, le train ralentit sensiblement, nous pûmes apercevoir à notre aise les magnifiques quais qui bordent le fleuve, la ville, et la cathédrale dont les deux tours de dentelles s'élèvent hardiment dans l'espace.

Le cri : Les Prussiens!... les Prussiens!... vint tout-à-coup nous arracher à notre contemplation. Par les portières nous voyons notre mécanicien en train de parlementer avec un factionnaire Bavarois.

Au bout de quelques minutes, nous entrons en gare ; les Allemands accourent de tous côtés. Un vieux général, entouré de ses officiers, nous salue courtoisement, mais les soldats nous abreuvent de leurs sarcasmes et de leurs railleries. Ceux d'entre nous qui veulent descendre de wagon en sont brutalement empêchés par les factionnaires qui se promènent le long des quais.

On nous gara pour laisser passer un train dont la plupart des wagons décorés de L gothiques et de la couronne de Bavière, regorgeaient de matériel d'artillerie et d'officiers prussiens. Les machines, qui portaient les noms de *Dantzig* et d'*Iéna*, étaient ornées de branches de laurier, et des rubans aux couleurs nationales allemandes flottaient après les cheminées.

Ah! j'avais rêvé un autre retour!.... Quelle déception et quelle honte pour nous!!

Il nous fallait attendre le bon plaisir de messieurs les Allemands pour continuer notre route; lorsque le télégraphe eut signalé l'entrée en gare, à Arthenay, du train dont je viens de parler, on nous laissa partir.

Après avoir parcouru quelques kilomètres, nous nous arrêtons de nouveau : le disque annonce un embarras de la voie. Nous sommes au milieu d'un vaste vallon bordé de coteaux verdoyants : c'est le champ de bataille d'Orléans.

Partout il y a des traces de la lutte, la terre est creusée d'ornières ou trépignée par les roues des canons, le pied des chevaux, le pas des hommes. On dirait qu'un ouragan a passé à travers les arbres et les haies, tout est brisé, haché; les poteaux et les fils télégraphiques gisent à terre, et à quelques pas de la voie s'élèvent des tumulus surmontés de croix en bois grossièrement faites, après lesquelles des mains pieuses ont attaché des couronnes de buis.

Les maisons de gardes-barrières surtout semblent avoir servi de but aux projectiles, les murs sont éventrés, les toitures effondrées, les pignons portent l'empreinte étoilée des balles et témoignent de l'acharnement avec lequel on s'est battu.

Au bout d'environ trois quarts d'heure, le train reprend sa marche ; nous rencontrons encore çà et là sur la terre quelques carcasses de chevaux dont les corbeaux se disputent la pâture. Le ciel avait une teinte grise et sombre, comme si la nature elle-même eut voulu s'associer au deuil de la France, et bientôt une pluie torrentielle se mit à tomber.

A trois heures et demie, nous arrivons à Arthenay ; les abords de la gare sont occupés par un parc d'artillerie très-considérable. De tous côtés, les Prussiens accourent pour nous regarder passer. A quelques pas de nous s'élève un moulin à vent percé à jour par la mitraille et dans lequel est établi un poste de Bavarois.

Comme à Orléans, nous attendons qu'il plaise à ces messieurs de nous laisser partir ; enfin le train siffle, nous traversons le village. Ce n'était pas assez qu'il eût souffert de la bataille, on était en train de déménager les maisons qui avaient été respectées par les obus et l'incendie ; des charriots allemands étaient arrêtés devant les portes, on les emplissait de meubles que des gens mal équipés, espèce de Juifs, chargeaient en chantant.

Il n'y a aucune trace de population française, partout les yeux ne rencontrent que des Prussiens, on en voit sur le seuil de chaque habitation ; les chambres sont transformées en écuries ; il ne reste ni portes ni volets : tout a été arraché et brûlé.

Un peu plus loin, à Toury, où les cuirassiers blancs de Bismarck ont été décimés, le village présente le même aspect de désolation ; un parc d'artillerie et un équipage de ponts de bateaux encombrent la place de l'Eglise.

Au pied du mur d'un jardin qui borde la voie, se trouvent plusieurs tombes prussiennes, une d'elles est couverte de couronnes au milieu desquelles s'élève une planche portant l'inscription suivante :

Hier ruheden
Von Goebben,
Lieutenant im 2ten Oberschl,
Kurassiren Koeniglich Regt,
und 25 Mann.

Au moment où le train reprenait sa marche, un officier prussien chercha à plusieurs reprises à monter dans les wagons, personne ne voulut le recevoir ; il quitta le marche-pied en grommelant.

A cinq heures et demie nous arrivions à Etampes. Toujours même empressement de la part des Prussiens à accourir. Un de nos camarades, qui était descendu pour satisfaire aux exigences de la nature, reçoit un soufflet de l'un d'eux. En face du wagon dans lequel je me trouve, sur le talus de la voie, un groupe nombreux, au milieu duquel pérore un sous-officier, se fait remarquer par son acharnement à nous lancer des invectives; parmi son baragouin, nous comprenons qu'il dit aux soldats que nous venons de l'armée de la Loire. Aussitôt ces sauvages s'approchent le plus près qu'ils peuvent de nos wagons et nous crachent à la figure. Je n'ai jamais si bien compris qu'en ce moment les paroles de Brennus : *Malheur aux vaincus !*

Avant d'arriver à Orléans, notre lieutenant nous avait distribué la solde de la journée; mais avec nos 50 centimes nous étions à peu près dans la situation d'un éléphant qui trouve un cure-dent, puisque nous n'étions pas libres, lorsque le train s'arrêtait à une station, de quitter la gare pour aller acheter à manger, et, de plus, le tarif des buffets concordait peu avec nos moyens très-restreints.

Depuis Etampes jusqu'à Paris, le train n'avança que très-lentement; c'était l'ordre donné par les Allemands qui, la veille, avaient eu un grand nombre de tués dans un accident arrivé près de

Puteaux. Nous traversâmes successivement l'Hay, Chevilly, Choisy-le-Roi; partout la hideuse image de la guerre, partout des ruines. La Gare-aux-Bœufs, où nos marins firent des prodiges de valeur, n'était plus qu'un monceau informe du milieu duquel sortaient des engrenages et des arbres de machines tordus.

Nous arrêtons en face le fort d'Ivry. Des Bavarois, à la lueur des feux de leurs campements, sont occupés à emballer des caisses; plusieurs autres, assis sur de riches canapés provenant sans aucun doute de maisons pillées, fument gravement leurs grosses pipes de porcelaine en nous regardant passer d'un œil indifférent.

Bientôt nous franchissons l'enceinte; des affûts dont les pièces gisent au bas du rempart, sont encore derrière les épaulements de terre élevés pour protéger les défenseurs.

En entrant en gare, nous passons à côté des wagons blindés. Ces terribles engins qui portèrent si souvent le ravage dans les rangs ennemis reposent maintenant silencieux sous l'enveloppe de toile cirée qui les protége contre les injures du temps.

L'horloge de la gare d'Orléans indiquait huit heures quand nous débarquâmes sur le quai; nous avions mis vingt-cinq heures pour faire les cent lieues qui séparent Limoges de Paris; nous étions brisés par la fatigue et par les émotions de la journée. Oh ! qui pourrait dire ce que nous avons souffert pendant ce retour! Quand j'y pense je sens mes yeux se gonfler de larmes et le rouge me monte au front.

Nous étions rangés dans la cour, espérant qu'on allait nous diriger vers la gare de Lyon, afin de nous faire prendre un train pour nous ramener à Melun, mais on nous dit qu'il était trop tard.

On nous envoya néanmoins à la gare pour y coucher, mais là on ne voulut pas nous recevoir. Ceux qui avaient des parents ou des amis furent autorisés à aller coucher chez eux, quant aux autres, on les laissa s'arranger comme ils purent : les trois quarts des hommes du bataillon passèrent la nuit dans les postes avec les gardes nationaux qui voulurent bien se gêner un peu pour les recevoir, ceux qui furent moins favorisés du sort couchèrent sur les bancs des boulevards ou dans les chantiers de construction.

Avant de se séparer, on nous avait donné l'ordre de nous réunir le lendemain matin, à sept heures, au chemin de fer de Lyon.

XII.

Le lendemain, bien avant l'heure indiquée, nous étions dans la cour de la gare, attendant nos officiers : ils arrivèrent peu de temps après. Le commandant se rendit auprès du chef de gare, il en revint au bout de quelques instants, nous l'entourâmes pour savoir à quelle heure nous devions partir.

— Mes enfants, nous dit-il, malgré toutes les démarches possibles, je n'ai pu découvrir notre colonel, qui avait pris les devants pour venir ici nous faire préparer des vivres et des moyens de retour. Maintenant l'administration du Chemin de Fer refuse de mettre un train à notre disposition. *Nous ne touchons plus de prêt, ni de pain : nous sommes licenciés. Allez-vous-en comme vous pourrez...*

Voilà le seul congé qu'on nous donna. On nous laissa sans aucune ressource sur le pavé de Paris, et, depuis la veille, personne de nous n'avait mangé, la plupart ne possédaient plus un centime et se trouvaient à plus de vingt lieues de chez eux.

Ceux qui avaient encore quelques sous les partagèrent avec les autres, et le cœur oppressé, on se serra fraternellement les mains en se disant adieu.

Je ne ferai aucun commentaire sur ce fait : je laisse aux personnes raisonnables qui liront ces lignes le soin d'apprécier si c'était de cette façon que devaient être renvoyés des soldats dont on n'avait plus besoin. Il est vrai qu'il était déjà de mode à cette époque, comme aujourd'hui, pour certaines gens, de dire que pendant la campagne nous n'avons rien fait.

Si les mobilisés du 2e régiment de marche de Seine-et-Marne n'ont point fait davantage, c'est qu'on ne leur a pas demandé plus ; ils ont prouvé du moins qu'ils avaient de la bonne volonté, quand quelques mois auparavant, sans tenir compte des menaces des gouverneurs allemands, ils quittaient leurs foyers pour se rendre aux armées avant même que le décret qui les y appelait ne fut rendu exécutoire (1).

---

(1) Voici l'arrêté allemand qui fut affiché dans un grand nombre de communes et inséré par ordre de l'autorité militaire dans différents journaux :

Nous, gouverneur général siégeant à Reims,

Vu le décret royal du 13 août 1870, abolissant la conscription dans toute l'étendue du territoire français occupé par les troupes allemandes;

Attendu que les Français qui se mettent en contravention avec cet ordre royal se rendent coupables d'un acte de félonie

Les moblots de l'arrondissement de Provins se dirigèrent par petits groupes du côté de la barrière Charenton pour prendre la route de Paris à Bâle, et j'en connais qui franchirent en une journée la distance qui les séparait de Provins.

Il m'en coûtait de quitter Paris sans avoir visité les endroits où tant de braves soldats sont tombés glorieusement, mais sans profit pour la France. Un camarade me proposa de m'emmener dans sa famille, j'acceptai de grand cœur, et dans l'après-midi j'étais au pied du Mont-Valérien, regardant se dérouler devant moi l'immense horizon dont chaque endroit évoque un souvenir : Rueil, Garches, la ferme de la Fouilleuse, Montretout, Buzenval et le parc de Saint-Cloud.

---

contre le gouvernement allemand établi dans les départements occupés;

Ordonnons ce qui suit :

Article unique.

Tout Français domicilié dans un des départements occupés, contre lequel s'élèveraient des charges suffisantes pour prouver qu'il a obéi à un mandat de comparution pour entrer dans l'armée française ou dans un des corps francs formés en but hostile contre les armées allemandes; tous ceux qui auront coopéré ou aidé pour amener des recrues à l'armée française ou aux corps francs seront arrêtés et conduits devant l'autorité militaire la plus rapprochée pour y être traduits devant une cour martiale et jugés sommairement.

Le gouverneur général,

E. R.

ROSEMBERG-CRUZCZYNSKY.

C'était un dimanche, à chaque pas on rencontrait des femmes et des enfants qui allaient porter des couronnes sur la fosse d'un père, d'un mari ou d'un frère, qui reposent en paix sur ces coteaux ravagés par la mitraille.

Je rentrai dans Paris par l'avenue des Champs-Elysées; les abords de l'arc-de-triomphe de l'Etoile étaient inabordables, la chaussée était couverte de *trous-à-loup*, et une grande tranchée occupait le sol intérieur du monument, tout cela avait été fait pour empêcher les Allemands de passer dessous, lors de leur entrée qui avait eu lieu quelques jours auparavant.

Afin d'éviter que les Prussiens n'envahissent leurs hôtels pour se loger, les nombreux étrangers qui habitent dans ce riche quartier avaient arboré le drapeau de leur nation. Les couleurs Anglaises, Russes, Américaines et Suisses flottaient à chaque fenêtre.

Sur la place de la Concorde, les statues des villes de France étaient voilées de crêpes noirs, la statue de la ville de Strasbourg disparaissait entièrement sous les innombrables couronnes et drapeaux apportés là pendant le siége.

Les planches des palissades qui avaient servi à parquer les Prussiens à l'entrée de la rue de Rivoli, n'étaient pas encore enlevées.

On a bien raison de dire que les Parisiens sont les gens les plus insouciants du monde : les grands boulevards présentaient le même aspect que je leur connaissais avant le siége, il y avait peut-être un peu plus d'uniformes militaires, mais cela s'expliquait : tout le monde faisait partie de la garde nationale. Le conflit, à propos de la possession des canons, qui éclata cinq jours après, le 18 mars, était déjà imminent; sur les boulevards, nous étions obligés de nous arrêter de temps à autre pour laisser passer des troupes de gardes nationaux qui conduisaient des pièces à Montmartre.

Sur la place de la Bastille la foule était immense; des canons étaient rangés au pied de la colonne de Juillet, dont la base était couverte de drapeaux noirs et de couronnes d'immortelles. A chaque instant éclataient des cris de : Vive la France ! Vive la République ! La plate-forme était remplie de monde; le Génie de la Liberté avait à la main un drapeau rouge.

Pendant que nous étions là, un bataillon de gardes nationaux apporta une couronne; les tambours battirent aux champs, tout le monde salua.

Le lendemain, à neuf heures du matin, avec mon camarade, nous prenions, à la gare de Lyon, un billet pour Melun; malgré notre uniforme militaire, on ne voulut pas nous accorder de réduction sur le prix. Dans la salle d'attente, nous trouvâmes un moblot des environs qui revenait aussi à Provins; nous prîmes place tous les trois dans le même compartiment.

Bientôt le train se met en marche, nous passons au pied du fort de Charenton, dont les talus intacts ne portent aucune trace de projectiles. La sentinelle bavaroise, le fusil sur l'épaule, s'arrête pour nous regarder, l'expression de son visage semble dire : Moi aussi je voudrais bien m'en aller. Quelques pas plus loin, nous traversons les tranchées prussiennes, travaux qui, de ce côté, sont tout à fait insignifiants : un fossé de quelques pieds de profondeur, protégé par un remblai très-bas.

Par suite des nombreux arrêts que lui firent subir les Allemands qui occupaient toutes les gares, le train mit trois heures pour arriver à Melun. Dans le trajet, j'ai remarqué que différentes stations présentaient le même aspect de destruction que sur la ligne d'Orléans, quoique les combats qui se livrèrent dans Seine-et-Marne fussent le fait de francs-tireurs sans artillerie.

A partir de la station de Cesson, les routes étaient sillonnées par des colonnes d'artillerie qui traversèrent Melun en même temps que nous, mais sans s'arrêter. Dans les rues de la ville, près la passerelle en fer jetée sur la Seine, nous rencontrâmes des uhlans qui s'approchèrent de nous, l'un d'eux, homme d'un certain âge, nous demanda :

— Vous, retour de Prusse?

Sur notre réponse négative, il nous fit comprendre qu'il nous prenait pour des prisonniers; il aurait voulu nous demander comment cela allait dans son pays, et si les Allemands étaient contents de la paix.

Nous fîmes l'inventaire de nos bourses, l'encaisse réuni se montait à 5 fr. 10 c. entre trois; avant de nous mettre en route pour Nangis, nous allons déjeûner; à ce moment nous rencontrons un nouveau compagnon que nous invitons à partager notre repas.

A deux heures, nous montions la côte de Saint-Liesne, nous dirigeant sur Nangis. Nous marchions d'un pas agile, le désir de revoir nos parents nous donnait des ailes. De temps en temps, sur la route, nous croisions des détachements prussiens qui allaient prendre cantonnement dans les campagnes: c'était le commencement de l'occupation.

Quoique nous n'eussions que six lieues à faire, jamais aucune étape ne m'avait paru aussi longue que celle-là. Enfin, à sept heures, nous arrivions à la mairie de Nangis.

Le secrétaire était en train de préparer les billets de logement pour une colonne prussienne qui devait arriver le lendemain. Après que nous lui eûmes expliqué notre position, il choisit dans ses paquets et nous donna des billets pour aller chez des gens où, disait-il, nous serions bien.

Je tombai avec un camarade chez un entrepreneur-marbrier, dont la cour est décorée d'un rocher représentant allégoriquement le *Rocher de Sainte-Hélène*. Le secrétaire de la mairie ne s'était pas trompé, ces bonnes gens se mirent presque en frais pour nous recevoir.

Le lendemain matin, à six heures, nous étions sur pied ; en allant chercher nos camarades qui étaient logés chez un boulanger, nous fîmes la rencontre de deux autres Provinois qui s'apprêtaient aussi à partir.

Nous remerciâmes nos hôtes, puis reprenant nos sacs et nos bâtons de voyage, nous nous engageons sur la route de Provins.

La matinée était magnifique et faisait présager une belle journée. A Maison-Rouge, des hommes de notre bataillon, qui étaient rentrés de l'avant-veille, nous invitèrent à entrer nous raffraîchir. A Vulaines, la même occasion se renouvela.

A mesure que nous approchions de Provins, nos cœurs battaient plus vite ; bientôt le dôme de Saint-Quiriace et la vieille Tour de César se détachèrent à l'horizon, nous nous arrêtâmes pour les saluer. Nous avançions en les regardant comme les marins regardent le phare qui les guide vers le port.

A une heure, nous étions à la Porte de Paris, heureux et contents de serrer la main à des compatriotes et à des amis dont nous étions séparés depuis longtemps.

Quelques instants après, nous embrassions nos mères qui nous attendaient....... Hélas! malheureusement, combien y en a-t-il qui attendront toujours?...

L. ROGERON,

Ouvrier Typographe, Ex-Sergent à la 1re Compagnie du 2e Bataillon.

FIN.

PROVINS. — IMP. DE LEBEAU.

www.ingramcontent.com/pod-product-compliance
Ingram Content Group UK Ltd.
Pitfield, Milton Keynes, MK11 3LW, UK
UKHW020150200726
13856UKWH00003B/921

9 782012 461130